U0925086

Design Technology on the Integration of Road, Railway, Bridge and Tunnel used for Cross-river Compound Traffic in Mountain City

山地城市越江复合交通
公轨桥隧一体化设计技术

王福敏　刘　亢　编著

人民交通出版社股份有限公司
China Communications Press Co.,Ltd.

内 容 提 要

本书对重庆两江大桥工程的各种综合影响因素进行分析、研究，总结了工程总体设计特点和创新点，及其对山地城市的适应性设计措施；也通过研究公轨复合交通下的一体化路线方案、一体化桥梁方案、一体化隧道方案及相应的结构设计，提炼出山地城市越江复合交通公轨桥隧一体化设计技术。本书为我国现代桥梁尤其是类似工程设计与建设提供参考，也为今后城市桥梁设计创新、提升桥梁概念设计水平提供一套思路。

本书可为桥梁设计及管理人员提供有益的参考，亦可作为桥梁设计美学研究人员的参考用书。

图书在版编目(CIP)数据

山地城市越江复合交通公轨桥隧一体化设计技术 / 王福敏，刘亢编著. — 北京 ：人民交通出版社股份有限公司，2016.2

ISBN 978-7-114-12808-0

Ⅰ. ①山… Ⅱ. ①王… ②刘… Ⅲ. ①山区城市—城市铁路—铁路桥—桥梁设计—研究②山区城市—城市铁路—铁路隧道—设计—研究 Ⅳ. ①U448.132②U459.1

中国版本图书馆 CIP 数据核字(2016)第 029319 号

书　　名：山地城市越江复合交通公轨桥隧一体化设计技术
著 作 者：王福敏　刘　亢
责任编辑：周　宇　韩　帅
出版发行：人民交通出版社股份有限公司
地　　址：(100011)北京市朝阳区安定门外外馆斜街 3 号
网　　址：http://www.ccpress.com.cn
销售电话：(010)59757973
总 经 销：人民交通出版社股份有限公司发行部
经　　销：各地新华书店
印　　刷：北京市密东印刷有限公司
开　　本：720 × 960　1/16
印　　张：12.25
字　　数：156 千
版　　次：2016 年 3 月　第 1 版
印　　次：2016 年 3 月　第 1 次印刷
书　　号：ISBN 978-7-114-12808-0
定　　价：50.00 元

(有印刷、装订质量问题的图书，由本公司负责调换)

前　言

重庆是一座典型的山地城市。新中国成立前，重庆有桥梁16座；至1997年成为直辖市时，重庆有桥梁4 000余座；而到了2008年，重庆桥梁总数已突破10 000座，成为万桥之城。在2020年，重庆主城区跨江大桥将达到42座之多，按主城区内长江、嘉陵江河道长度计算，跨江大桥密度为0.37座/km，即平均约2.7km就有一座跨江大桥。重庆的桥梁数量与规模已超过北京、天津、上海，后来居上，排名4个直辖市中的第1位。

重庆桥梁不仅在数量上领先，且其桥梁形式丰富多样，不仅涵盖全部基本桥型，而且兼具栈道桥、廊桥等传统特色桥，更有国内少有、重庆独创的一批现代新型特种桥梁。从技术难度上讲，重庆拥有世界最大跨径拱桥和世界最大跨径预应力混凝土连续梁桥，并在拱桥、斜拉桥、刚构桥三大桥型中处于国内领先地位。重庆的桥梁历史长、数量多、种类齐、跨径大、技术新，多次在全国重要桥梁会议上被公认为是中国的桥都。“轻架万渊之上，高悬千壑之间，尽化河谷之险，解巴渝行路之难”，这既是重庆桥梁之功，也是当前山地城市桥梁的真实写照。

在山地建桥不易，同时，由于山地城市在地形地貌、水文气象、建筑特点、综合管网、历史人文、整体风貌、总体规划等诸多方面的影响与要求，在山地城市建桥更加不易。山地城市现有的很多大跨径桥梁之所以成为国内甚至世界范围内技术领先的桥梁，并不是建设者着意突破技术排名，而基本上都是通过有效克服上述种种困难而形成的。

另外，随着我国城镇化进程加快，城市交通拥堵问题日渐突出，为有效解决城市人口持续增加带来的公共交通压力，根据我国城市发展规律，借鉴了国外发达城市交通建设的成功经验，不少城市开始规划建设以轨道交通为主骨架的城市综合交通系统。我国已有北京、上海、广州、天津、重庆、大连等12座城市先后建成并开通了48条城市轨道交通线，运营里程为1 395km。目前，我国内地共有36座城市向国家主管部门上报了城市轨道交通建设发展规划，其中有28座城市得到了国家批准。在这28座获批城市中，计划2015年前后建设96条轨道交通线路，建设线路总长为2 500多km，总投资超过1万亿元。

已经投入和计划进行轨道交通建设的均为经济相对繁荣、城市人口和规模相对庞大的大城市。其城市综合交通需求量特别大，建设用地特别紧张，轨道交通和常规道路交通不可避免地会形成争夺城市资源的情况。对于有江河穿越的大城市而言，城市道路交通和轨道交通的过江需求都很突出。

重庆东水门长江大桥、千厮门嘉陵江大桥及渝中连接隧道位于重庆中央商务区核心地带，连接两江、三地、四岸。因一体化建设的要求，3个工程部分共同组成重庆两江大桥工程。重庆两江大桥工程是城市道路交通和轨道6号线的过江载体，是在山地城市环境和公轨复合交通下的桥隧一体化工程，是桥都重庆的桥梁代表作。无论是设计最终采用的方案，还是在设计过程中的拟选方案，都具有重要的技术价值。

在两江大桥工程上，公轨两种交通已经不是简单的组合，其相互叠加和影响，制约了总体方案在桥位、接线方式、路线通过方式、桥隧断面、桥型方案、结构受力、安全与美观等多个方面的选择。因此，两江大桥不仅是公轨共建或合建工程，还更强调公轨交通的复合性特点，故称为公轨复合交通。这种特点和桥位所在的山地城市环境，使路、轨、桥、隧多种通过方式集中于仅约2.8km的范围内，工程各个部分也相互影响与作用。在总体方案中需要关注其内在联系，把它们有机地组合在一起，进而展开一体化的设计、施工与管理。这种设计理念有别于其他独立桥梁，称为越江复合交通公轨桥隧一体化方案。

本书对两江大桥工程的各种综合影响因素进行了分析、研究，总结了工程总体设计的特点和创新点及其对山地城市的适应性设计措施；也通过研究公轨复合交通下的一体化路线方案、一体化桥梁方案、一体化隧道方案及相应的结构设计，提炼了山地城市越江复合交通公轨桥隧一体化设计技术，为我国现代桥梁尤其是类似工程设计与建设提供了参考，也为今后城市桥梁设计创新、提升桥梁概念设计水平提供了一套思路。

参与本书编写的人员还有：李琦（第5章），王丰华（第4章），尚军年（第2章），颜俊（第7章）。在此，向以上参与者以及招商局重庆交通科研设计院有限公司的刘孝辉、汪宏、杜欣表示感谢！

2015年12月，重庆

目　录

1 概述

1.1 国内外研究现状

1.1.1 山地城市

联合国教科文组织科学部门于1971年发起的人与生物圈计划（简称MAB），是一项政府间跨学科的大型综合性研究计划，其把热带、干旱、山地、城市列为4大研究重点，山地和城市是其中两个重要的因素。

1992年在巴西里约热内卢召开的联合国环境与发展大会通过了《21世纪议程》，这是"世界范围内可持续发展行动计划"，也是在全球范围内人类活动对环境产生影响的各个方面的综合行动蓝图，其非常重视山区自然人文资源的保护和可持续发展。1994年，国务院第十六次常务会议审议通过了《中国21世纪议程》，这也是一个非常重要的研究计划。这以后国内很多科研单位、高等院校的学者和专家进行了山地城市规划建设理论的研究，并成立了中国山地城市研究中心等一批研究机构，重点研究中国山区的经济、环境保护、灾害防治等。

1992年，中国山地城市与区域环境研究中心建立，一大批研究、设计人员投入到山地城市研究中来。在西部大开发和加速城市化的进程中，高度珍惜并合理利用有限的山地资源，尽可能避免城市化进程中可能产生的风险和负面影响，建设人与自然共生共荣的山地区域经济社会生活的中心——山地城市（镇），已经成为我国政府和学术界关注的热点问题。

2006年，重庆大学黄光宇教授研究完成了《山地城市学原理》（中国建筑工业出版社）。该书从山地城市建设的利弊分析、山地城市生态化建设的必要性、山地城市学的定义、研究对象和内容、研究方法与动向、山地城市生态系统的特点与服务功能到具体的勘察技术与方法，山地城市的选址、结构、生态系统、交通、建筑、灾害、美学以及山地城市的管治等诸多方面进行了系统的阐述，是一部从人居环境优化出发对山地城市规划设计十分系统和深入的专著，为后来山地城市生态化规划建设的研究与实践奠定了一个坚实的基础。

随着大量的学者、专家研究的深入以及各行各业在山地城市建设中的发展，围绕山地城市的研究，逐步从概念、规划深入到交通、建筑、人文、美学、环境、资源、经济等各个方面，为我国山地城市建设提供了理论基础、实践经验、总体谋划、局部分析等大量的科学依据。

目前，国内外对山地城市的建设有了一定研究，但对山地城市桥梁的建设还没有具体的研究内容。

1.1.2 公轨合建桥梁

因其可以共用桥位资源、节省投资、避免重复建设，并能充分发挥综合交通的作用，公轨复合交通跨江大桥在包括重庆在内的很多类似地形大城市的交通建设中有着重要价值和发展前景。但由于公、轨两种交通及其荷载特点存在很大差异，给公轨复合桥梁尤其是公轨共建的大跨径城市跨江桥梁带来很多复杂的技术难题，再加上复杂的环境因素与公轨复合桥梁复杂的技术要求相互作用、相互影响，增加了公轨复合交通跨江大桥工程的综合难度。在这种情况下，需要站在合理、充分地利用城市空间的高度，发挥创新型思维，进行深入的技术研究，综合、系统地把各种矛盾化为统一的整体，从而高度协调地全面实现建设计划。

我国乃至国际上尚没有形成公路与轨道交通合建桥梁的完善设计标准，基础理论研究也不足，但相关技术却有很大的潜在需求。在我国已有的类似项目中，基本上都是通过参考国内外轨道交通相关的资料，采用研究和设计相结合的做法。由于不同类型的轨道交通车辆及其荷载特性具有较大差别，工程所在环境和具体的功能要求也大不相同，这些研究成果的针对性很强，因此，一般以设计标准和结构的适应性研究为主。通过这些设计经验和研究成果的积累，为同类项目提供参考和指导。例如上海长江隧道关键技术与创新课题关于对公轨合建桥梁技术的研究，总结了该工程条件下合建桥梁的特点与问题，分析、提出了技术标准，兼顾了公轨交通运营的安全与舒适性，为世界最大公轨合建隧桥工程——上海长江隧道的建设提供了技术支撑。同样，在重庆市的两座公轨合建城市跨江桥梁——菜园坝大桥和朝天门大桥项目上，也展开了有针对性的合建关键技术研究。

尽管国内外在同类桥梁上对桥梁选型也进行了一定的研究，但相对而言，专门针对公轨复合交通桥隧一体化总体方案、特别复杂的城市综合环境影响下的工程一体化设计思想的研究成果还非常欠缺，还不能从设计理念上为同类工程提供清晰的创新思路。

1.2 山地城市公轨复合交通一体化研究关键技术

针对山地城市的特点，通过对各种综合影响因素进行分析、研究，依托重庆两江大桥工程，总结山地城市越江复合交通公轨桥隧一体化设计技术，为我国现代桥梁尤其是类似工程设计与建设提供参考，也为今后城市桥梁设计创新、提升桥梁概念设计水平提供一套思路。总体思路如图 1.1 所示。

1.2.1 山地城市的桥梁

桥梁工程是山地城市建筑实施中一项重大的工程，其建设受到山地城市地形、地貌的影响，在选址定点、结构设计、与现有路网的衔接、景观设计、施工技术、管理方式等方面，与平原地区的城市桥梁建设有很大的不同。

两江大桥处在重庆城市核心地带，重庆是典型的山地城市。重庆主城的山地城市特征，使其自然条件和地理环境与国内数量较多的平原城市有异，无论是桥梁的桥位选择、桥型选择，还是施工手段以及桥梁的管理维修，都有其显著的特点，它们对城市建设和交通组织有着重要的影响。

山地城市特征
重庆城市桥梁特征
越江复合交通下公轨桥隧一体化方案
复合交通一体化建设
公轨桥隧一体化工程
两江大桥一体化思想功能美
综合环境影响下桥梁形式
城市环境特征
工程建设条件
上下游桥梁形式
工程技术风险
色彩与夜景特征
与复杂环境的适应性环境美
大水位落差下桥塔形式
公轨复合交通下主梁结构形式
密集建筑条件下隧道及其洞门形式
结构选型与创新
主要结构组成的特点结构美
两江大桥是山地城市桥梁的典型代表
两江大桥总体方案的创新点
越江复合交通公轨桥隧一体化设计思想
高景观要求下山地城市桥梁设计体系
城市桥梁方案设计原则
基于量化标准的桥梁景观设计方法
桥梁创新与技术风险的关系
大水位落差下桥塔方案选型标准
公轨复合交通下主梁选型原则
密集建筑条件下隧道方案选择建议

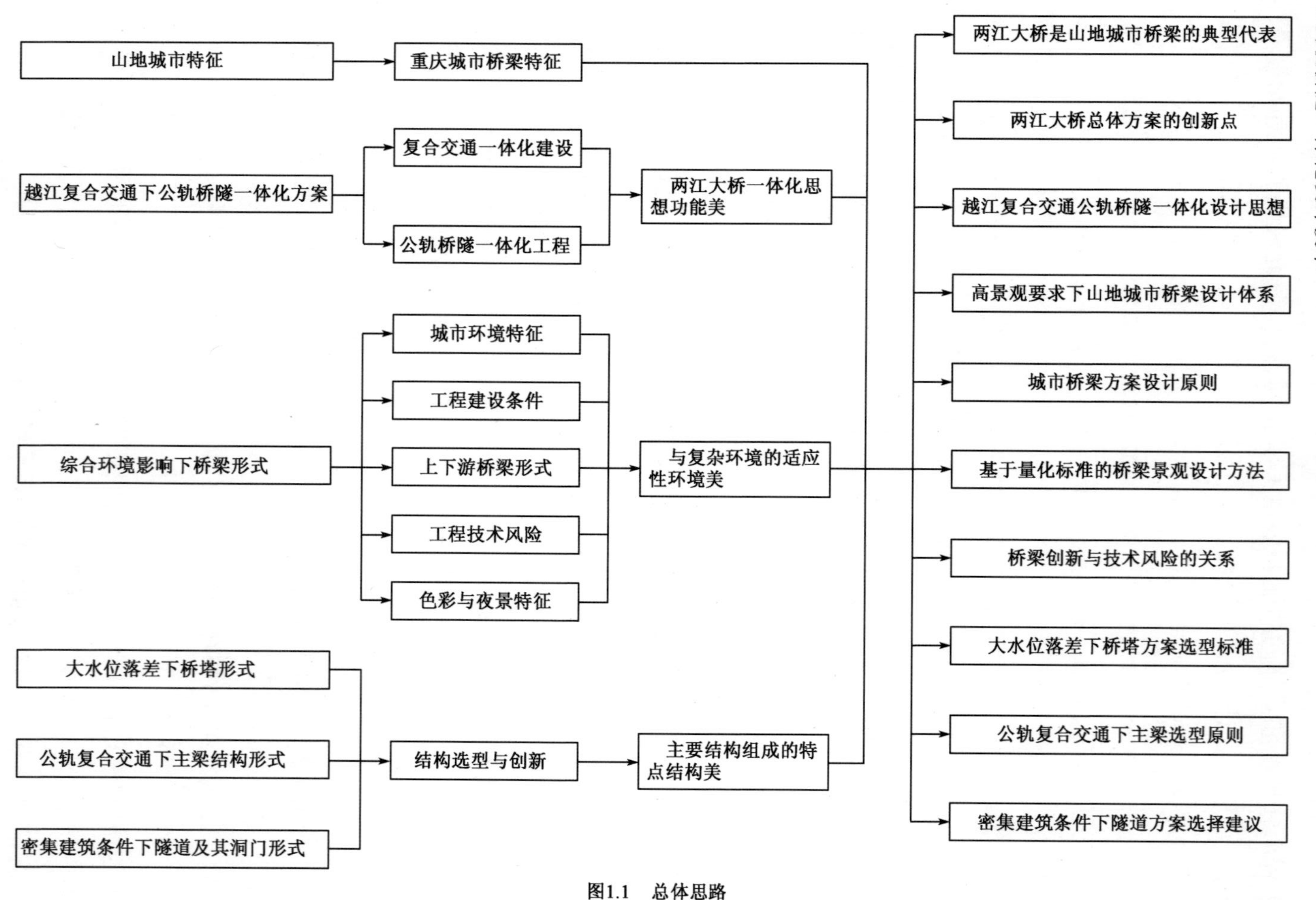

图1.1 总体思路

1.2.2 公轨桥隧一体化

针对工程的功能需求，探讨共用桥位资源、公轨共桥的一体化思想；针对工程建设环境需求，探讨整体设计的一体化思想；针对两种交通特点和交通组织需求，探讨桥隧结合的一体化思想。

1.2.3 综合环境影响下的桥梁

两江大桥工程复杂的综合影响因素包括朝天门港区繁忙的水运和水上作业、两江高等级航道的通航要求、渝中半岛核心地区复杂的路网关系、解放碑密集的高层建筑和地下管网、湖广会馆和洪崖洞等历史人文建筑、代表着重庆特色的两江三地整体城市风貌、上下游已建大桥桥型等。同时，复杂的环境因素还与公轨复合桥梁复杂的技术要求相互作用、相互影响。分析总结两江大桥工程总体方案对综合环境的适应性，最终形成一个和谐、统一、整体的设计过程。

1.2.4 大水位落差下的桥塔

桥塔是集中体现两江大桥美感的结构之一，设计采用的天梭形桥塔，是目前国内外独有的桥塔造型，新颖、简约、秀美而又充满现代气息，除了本身造型优美之外，设计还动态地考虑到两江水位在枯水期、常水位和洪水期较大的水位变化对整个桥塔外形美感以及船只碰撞风险的影响。通过对桥塔方案选型的研究，揭示了两江大桥精美的构造设计思想。

1.2.5 公轨复合交通下的主梁结构

对两江大桥主梁形式进行比选，提出公轨复合交通条件下主梁形式。大桥采用公轨合建的形式，为适应渝中半岛桥位处复杂的地形和有限的位置，设计采用了双层桥梁形式。由于轨道交通净高的要求，两江大桥钢桁梁高度为主梁提供了较大的竖向刚度，从而形成了充分利用主梁刚度的单索面稀索形式的部分斜拉桥，很好地解决了密索体系的屏障效应。

1.2.6 密集建筑条件下的隧道及其洞门

分析渝中半岛密集的高层建筑和地下空间对隧道及其洞门方案选型的影响，协调地上、地下一切有限的资源，最大限度地挖掘该地区的潜力。

1.3 山地城市越江复合交通公轨桥隧一体化设计思想

山地城市的本质特点是环境的复杂性和多样性。重庆两江大桥工程不仅处在山地城市环境中，更位于最能突显重庆城市风貌的区域，其所面对的环境复杂性，在众多桥梁中，难有逾越者。为此，两江大桥可作为山地城市桥梁的典型代表，其设计、建造理念，具有很高的技术价值，也能对类似工程起到示范作用。

1.3.1 服务于城市一体化发展

两江大桥工程是实现重庆中央商务区一体化发展的重要基础设施，通过两江大桥工程，借助解放碑地区的经济影响力，带动江北嘴和弹子石地区快速发展，真正实现中央商务区一体化的发展目标。

1.3.2 建立交通一体化走廊

作为轨道交通 6 号线的重要节点，两江大桥定位于“以轨道交通和公共交通为主的城市桥梁，道路等级为城市次干道”，充分体现了“发挥轨道交通在城市客运交通体系中的骨干作用，优化城市综合交通体系功能结构”的思想。

两江大桥打通的这条城市重要交通一体化走廊，具有综合性、一体化、统筹、互补等特点，有利于集中政府的投资和行政资源，提高整个走廊的交通系统表现，同时，增强公共交通和非机动交通的吸引力，以促使出行者的出行选择向可持续性高的交通方式转移。

1.3.3 轨道交通与常规交通一体化建设

两江大桥因轨道6号线过江通道而设，其承担的主要功能是轨道交通功能，采取公轨合建方式，结合了区域常规交通的需求。城市轨道交通与常规交通的一体化建设，符合城市土地利用一体化和使用衔接一体化原则，同时也体现了资源节约的原则。两江大桥与城市改造和城区建设相结合，统一考虑综合配套工程，方便乘客换乘，体现“以人为本”的宗旨，提高了城市公共交通体系的运营服务水平。

1.3.4 形成桥隧一体的立体化交通

根据重庆山地城市基本特点，两江大桥工程以跨江大桥的方式跨越长江和嘉陵江，根据渝中半岛的地形进行纵断面设计，以隧道方式穿越建筑最密集、经济最繁荣、新建道路交通条件最不利的渝中半岛，整个工程实现了空中、地面、地下等多个层次的一体化立体空间利用，也为城市进一步发展和立体空间利用创造了条件，符合可持续发展需求。

1.3.5 道路交通一体化设计

针对渝中半岛路网负荷问题，根据两江桥建成后渝中半岛预测的交通需求及分配情况，结合小什字片区旧城改造，充分挖掘现有道路交通设施的潜力，对打铜街、民族路、沧白路沿线各交叉口进行道路交通一体化设计，增大交叉口通行能力，提高渝中半岛整个路网系统的运行效率。

1.3.6 一体化桥梁方案有利于建造管理

两江大桥把东水门大桥和千厮门大桥作为一个系统的、整体的研究对象，桥型方案保持一致，塔、梁、索结构保持一致，工程的整体效果明显。同时，对于一体化方案而言，设计工作中的技术路线、计算理论、构造处理等趋于一致，建设实施的关键技术、主要机具设备、主要材料以及管理方法等也保持一致，为设计和建设管理带来了便利。

1.3.7 概念设计的创意

方案比选过程提出的悬索桥方案体系组合为世界独有,创新性和巧妙性超越众多经典桥梁。充分利用轨道交通6号线渝中半岛的下穿隧道,将两座桥通过沿隧道布置的主缆对拉索连接在一起,形成东水门长江大桥—渝中隧道—千厮门嘉陵江大桥三者有机组合、三位一体的超级悬索桥的绝妙构思。

1.3.8 结构设计的创新

工程采用的单索面稀索部分斜拉结构体系,结构新颖、受力合理、形态优美、技术先进。充分利用轨道交通所需的主梁高度,让主梁承担与传统斜拉桥相比更大比例的荷载,以此减少拉索数量,形成了单索面稀索部分斜拉桥方案,不但解决了密索体系对于山地城市的屏障效应,主梁刚度的充分利用也让结构拥有很好的经济性能指标。合理的结构体系达到了功能、经济和景观的和谐统一。其主跨跨径在同类型桥梁中创世界第一。

1.3.9 适应大水位落差

大水位落差条件下独创天梭形桥塔。两江大桥充分利用曲线及线形组合的丰富变化,形成了与建设环境、总体方案、大水位落差等相适应的天梭桥塔造型,其外观新颖、简约、秀美,内在技术水平高。

1.3.10 美学和人文特性

1)美学特点

山地城市越江复合交通公轨桥隧一体化设计的总体方案,体现了功能美;与复杂环境相适应,体现了环境美;总体方案体系组合的创新以及重要结构选型的创新,体现了结构美。

2)人文特性

因解放碑商圈的繁荣特点、历史建筑的人文特点以及江北嘴新兴建筑的高科技特点,两江大桥集时尚、文化和创新于一身,与周边环境相融合,同时展示着自身独特的魅力。

2 山地城市桥梁特点

2.1 山地城市的概念与特征

2.1.1 山地城市的概念

山地城市或叫山城，至今还没有严格的定义。在国外有被称作斜面都市(Side cities)，如日本；或坡地城市(Hillside cities)，如欧美，即指城市修建在倾斜的山坡地面上。城市建在坡地上和平地上，对城市规划、城市设计以及建设使用的安全性、实用性、经济性等，都会产生不同的变化与影响。

在工程学中，山地城市的定义，是建立在地理学地貌概念基础上的，是以城市用地的地貌为特征，以地形对城市环境、城市工程技术经济性以及对城市布局的影响来确定的。当城市发展地形内有断面平均坡度不小于5% 、垂直切割深度大于25m的地貌特征的城市，即为山地城市。

在城市形态学中，有学者以城市形态特征为起点，认为山地城市是与平原城市相对应的，由于其体现出来的主体景观和形态特征而有别于平原城市。另外，前苏联学者B. P. 克罗基乌斯在《城市与地形》一书中，从城市与地形的关系入手，认为在多山或丘陵地形区域内的城市，由于其复杂的地形影响了城市的建设，因此，将城市规划范围内50%面积以上处于平均坡度25% ~50%的复杂地貌城市定义为建在复杂地形条件上的城市(即山地城市)。

山地城市不仅要考虑“坡度”的基本特征与影响，还要考虑作为山地城市的其他特征，如垂直梯度的变化、城市周围的地貌、环境的不同等。因此，山地城市的定义要考虑以下两个方面的自然特征：

(1)无论其所处的海拔高度如何，城市因修建在坡度大于50°的起伏不平的坡地上而区别于平地城市，如重庆、兰州、攀枝花、香港、青岛、延安、遵义等；

(2)城市虽然修建在平坦的用地上，但由于其周围复杂的地形和自然环境条件对城市的布局结构、发展方向和生态环境产生重大影响，如贵阳、昆明、桂林、杭州、烟台等。

中国的山地城市分布极为广泛，中国的西部地区、中部地区、东南沿海丘陵地区以及沿海岛屿中的城镇，很多都属于山地型城市。截至2005年年底，全国共有建制市661个，其中山地型城市有231个，约占总数的35%；而在全国1 900多个县城中，属于山地型城镇的约有960个，超过县城总数的50%。

2.1.2 山地城市发展基础、问题与对策

1)山地城市发展的优势

(1)由于山区或者山地生物的多样性和景观的多样性相对比较丰富，山地城市具有后发潜力。

(2)相对平原来说，区域的自然生态环境条件比较优越。

(3)资源优势，水资源、矿产资源、林业资源等比较丰富。

(4)少数民族比较集中，多民族的文化资源比较丰富。

2)山地城市发展中存在的问题

(1)自然生态系统脆弱，灾害频繁。

(2)山地城镇的规模普遍比较小，分布过于分散，城镇之间缺乏联系，孤立、封闭影响山地城镇整体功能的发挥，从而经济发展滞后。

(3)相对平原城市，山地城镇基础设施建设普遍比较落后，配套、建设资金的投入不足、交通闭塞、对外开放度比较差，开发的难度比较大，技术要求比较复杂。

(4)人才和技术力量比较缺乏，使得山地城镇缺乏科学合理的规划，特别是一部分山地城镇平原化现象，即不遵循因地制宜的科学原则进行开发建设的现象，破坏了坡地、山地的生态系统，山城的特色渐失。

(5)山地城镇的工业生产基本上还是以资源开发型、劳动密集型为主，环境污染比较严重。

(6)管理水平相对落后，调控协调能力较差。

3)山地城市发展的对策

(1)科学地制订山区经济发展战略。山地城镇和平原城镇一样，城镇的发展一定要以经济发展为基础，用科学发展观来研究山区经济的发展。反过来说，不能仅仅为了建城而建城。特别是在山地城市建设过程中更要注意这一点。

(2)要科学合理地划分山区，包括以功能区来对山区、丘陵进行划分。选择好主导的产业，特别是适合在山区发展的产业，对山区的经济发展应做多学科的研究，特别要注意因地制宜。四川的山区不同于云南，云南的山区也不同于贵州，不能简单地模仿套用，必须因地制宜地研究，在这样一种经济发展战略研究的基础上，再研究山地的城镇化。

(3)要规划综合的交通运输管控。在山区发展经济，建设城镇交通运输的系统和网络非常重要，然后是确定山区开发建设、山地城镇建设实施的步骤、重点等。

(4)要结合山地城镇不同于平原城市的特点来进行规划建设。不要简单地搬用或者套用平原城市的特点来规划山地城镇。山地城镇必然是生态城镇或者生态城市，强调山地城镇的规划建设一定要以生态城市作为主目标。要生态化，也就是说一定要具有良性的生态系统和自然良性的结合，趋利避害，避免自然灾害的侵袭，保护生态环境，按照生态环境的合理容量来开发建设城市。在山区，合理开发建设的容量或者说生态环境的容量是一个制约，是对山地城镇开发建设的制约，不应超容量地开发。

山地城镇的人口规模一般应以中小为主，空间布局要因地制宜，空间结构的形式一般可以采取组团或者组群式的分布。在一片比较大的山区可以设置一定规模的中心城市，但是要比较谨慎地来选择。一定要有方便的交通系统，比如在山区里的山地城镇要避免那些孤立的、封闭的、互不联系的城镇，而一定要有适当的交通系统把他们加以联系，以带动山区城乡的协同发展。

2.1.3 山地城市的特征

山地城市因其地形、地貌特点，往往形成了资源丰富、景观独特、多民族文化交融、口音差异大、旅游景点多等特点，除此之外，一般还具有以下特征：

1）多中心、多组团结构明显

山地城市的发展是建立在与山地地形地貌相契合的基础上，因此，往往不同局部相对独立发展，然后以不同的核心为基础形成多中心、多组团的结构。城市结构形态以组团型、带型、串型等形态为主。

2）多样性特点

多样性特点包括文化多样性、生物多样性和景观多样性。

3）人-地关系矛盾突出，生态环境脆弱

山地城市人多、地少，不便利用的山地多、便于利用的平地少。近年来，随着城市化的加速和西部大开发战略的推进，山地资源的消耗和山地环境所承受的压力不断加大，山区和山地城市的人-地关系矛盾更为突出。

另外，山地城市生态环境脆弱，易发生环境灾害问题，如水土流失、山洪水灾、滑坡、泥石流、崩塌、地震，并易诱发次生灾害，危及人身和城市安全。

4）具有明显的竖向特征

山地城市在竖向具有明显层次感，城市自然地理环境的竖向特征是形成山地城市竖向景观风貌特色的基础性条件，如旧金山城内的山地公园和山丘地形条件，大连的山、海、岛交相辉映的自然环境，唐山市内的三山二水等，都是形成山地城市竖向轮廓风貌特色的基础性条件。

5）城市轮廓

山地城市的城市轮廓是山地城市总体形态的集中体现，反映自然生态环境的山脊线是山地城市的重要组成部分，城市的形态与轮廓线产生共鸣，共同构筑人与自然和谐的生态美，也是山地城市有别于平原城市的显著特点。

6）山地城市建筑的特点

山地城市建筑与平原城市建筑具有明显区别。由于城市用地紧张、地质条件相对较好，因此，山地城市建筑一般高而密集，且排列的规整程度低，现代化气息很浓。并且，由于众多建筑沿坡地分布在各级高程上，建筑群显得层层叠叠，形成了山地城市在层次感上的重要风貌特征。

7）沿江河而建，易形成山水城市

山地城市因深切割的特殊地形，往往形成大的江河。江河虽然阻隔了两岸人民群众的交流，但也为生活生产用水、客货运输带来了方便。人们因水而聚，城市因水而兴，山地城市往往也是山水城市。山得水而活，水得山而壮，城得水而灵。山地城市得天独厚的自然条件，丰富了城市的环境美。城市依山水而构图，把联结的大城市化成若干组团，形成保持有机尺度的“山-水-城”群体，而城市将重视山水景观的活力。

8）复杂条件下的交通组织结构

山地城市交通除了一般城市交通流时空分布的不均衡性和复杂性特点外，突出地反映出由于受地形明显变化影响而呈现出的多样性、立体化的特点。影响山地城市道路交通系统组织的因素主要包括：基于当地稳定自然环境条件下的城市交通特征、内外联系方式、总体布局结构和城市的历史现状基础等。山地城市不可能像平原城市一样进行网格式道路系统的布局，而较多地采取结合地形的分散组团式结构与灵活自由式道路组织系统。

城市交通的延伸是城市化的重要基础。在山地城市，因有大山横亘，城市外拓主要依靠隧道；因有大河阻隔，城市内联主要依靠桥梁。

2.2 山地城市道路交通与路网特点及其布局原则

2.2.1 山地城市道路交通与路网特点

在山地城市，道路体现了城市建设与地形相结合的特征，道路的走向、布局、尺度无不是适应地形与客观环境的结果。不同的用地条件形成了不同的道路体系，而合理的道路体系反过来又起到强化地形特征的作用。道路在山地城市中起着骨架的作用，其他环境构成要素沿着它布置并与它相联系，这为我们在环境条件复杂多变的山地中的城市设计提供了一种思路——以道路作为设计的一种空间基准，来控制未来山地城市形态的发展。

山地城市路网布局的共同特点体现在：

(1)山地城市道路网的密度一般大于平原城市。

(2)道路的线形走向受地形影响较大，道路坡度较陡，桥梁架设较多。

(3)道路等级、功能划分不明确，主次干道功能不清晰。

(4)交通出行主要靠汽车及步行交通解决，自行车交通出行所占比重小。

(5)特殊升降式交通工具多(如缆车、索道、垂直升降电梯、自动扶梯等)。

由于城市道路的选线受限，山地城市的路网多为自由式路网。自由式路网以结合地形为主，充分结合自然地形，节约道路工程造价。由于受地形限制，道路弯曲无一定的几何形状，不利于城市规划和土地利用，建筑用地分散。道路不规则，非直线系数大，不规则街坊多，易形成不规则交叉口，不便于交通组织和管理。现有自由式路网随城市规模的发展，通常采用在局部以方格网布局结合的方式，形成“组团式”的城市布局。

但是，山地城市的道路网布置非常有特色，不同于平原城市大小不一的方格网。若按街道景观布置的要求来说，道路宽度可根据不同的前提和可能性而变通，道路宽度变化可以用来控制车速，提供错车空间，在特殊情况下还可提供停车空间，更易于把道路周围环境或地形融为一体。城市道路常随着地形的变化而蜿蜒起伏，它是城市空间的联系线，把一个个的城市空间串联起来。正因为道路的变化丰富，使得城市空间也丰富起来，用“步移景异”这个词来形容山地城市的街道空间是最恰当不过的。路人常有“山重水复疑无路，柳暗花明又一村”的感觉。山地城市的道路常有弯曲，较为不规则的曲线布局常常采用一系列并列的矩形楼房与弯曲相结合，这种相互离得很近的并列的楼房或相邻的室外空间，通常成为引人入胜、变化无穷的城市景观的源泉。

2.2.2 山地城市路网布局原则

山地城市的规划设计不同于平原城市。在平原城市,建设用地可向四面延伸,存在多方面的选择因素,多方比较最终确定城市用地的发展方向,道路网络可形成较规整的格局,如棋盘状、放射状、环状等。山区城市特定的地形环境使城市的发展方向受到一定的限制,道路网的布局很大程度上是适应环境、迁就地形而呈自由式发展,并因此体现当地的特色。山区城市路网布局原则主要有:

(1)与城市总体规划用地布局相协调,体现山地城市的用地特点。

(2)考虑经济水平和建设工程造价,与地形河流相结合,体现山区、滨河地区的城市特色。

(3)保证主干道的技术标准,使城区对外交通、内部交通顺畅便捷。

(4)保证道路用地面积占城市建设用地面积的比例。

2.3 山地城市桥梁的特征

2.3.1 山地城市的特性对桥梁的影响

山地城市桥梁受山地城市特性的影响非常明显。主要有以下几方面:

(1)由于城市道路变化丰富,城市空间差异较大,"步移景异"的基本视觉效果,要求重庆城市桥梁在很多情况下都要作为城市丰富多彩的空间组成的一部分。这对于较大规模的桥梁尤其重要,是不是与环境相协调,能不能成为一道亮丽的风景线、一个城市的看点,甚至是一座城市的标志,都是需要在设计之初就反复研究思考的问题。

(2)山地城市桥梁必须依照城市城区路网的布局进行规划设计。山地城市的布局对城市交通影响很大,山地城市道路依山而建,复杂的地形、地貌、地质特点使山地城市道路的定线和布局受到影响。在复杂的山地城市路网下,城市桥梁受到控制因素的影响很大。

(3)由于山地城市的多样化,山地城市桥梁的结构形式多样,结构非常复杂,对结构设计提出挑战。适合山地城市的桥型主要有梁桥、拱桥、斜拉桥、悬索桥以及组合桥型等,这主要与城市的特点以及桥区周围的地质、地形条件和航道的通航等级密切相关。各个城市的地质条件各不相同,通过桥区的河流宽度、通航要求也各不相同,因此,修建的桥梁形式也就多种多样。

(4)位于山地城市中心区域的桥梁受到的荷载复杂:由于受到市内高层建筑的影响,风向不确定且风速较大;装饰物件繁多,装饰荷载较大;水流速度大。因此,桥墩的防撞要求更高。桥体往往比较轻薄,大部分采用钢材作为主梁,柔性较大。

2.3.2 重庆城市桥梁特点

重庆是最典型的山地城市之一。“山、水、城、桥”是重庆市独特的城市风貌(图 2.1),也是重庆桥梁建设创新与发展的综合环境。重庆的城市桥梁除了以上山地城市桥梁共有的特点之外,其山地特征更加明显,极具个性,颇有魅力,可以归结为以下十大特点。

图 2.1 重庆山水城桥的独特风貌

1)特点一:弯桥、坡桥集中

受山地地形影响,重庆的城市道路难以形成横平竖直的网格结构,大量道路因地制宜,形成了一批曲线桥。同时,由于高差变化,一般桥梁纵坡较大。弯桥、坡桥多,成为重庆桥梁的一大特点。重庆涪陵乌江二桥西桥头立交的螺旋式匝道桥(图 2.2)可以说是体现山城独特地形的典型桥梁工程。

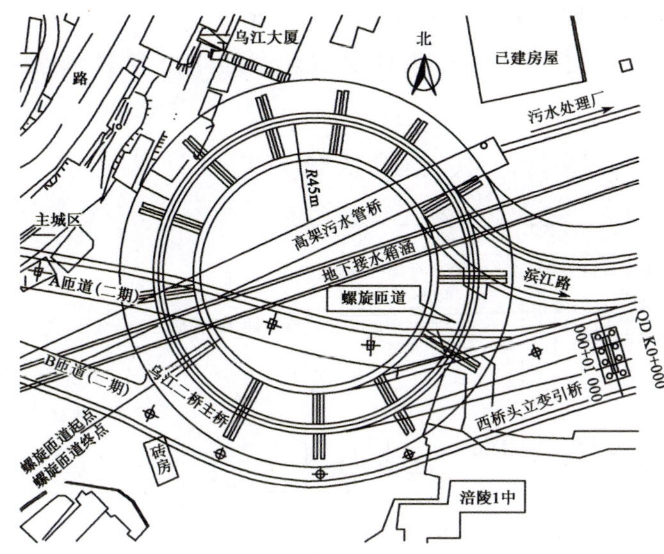

图 2.2 涪陵乌江二桥西桥头立交

该立交在平面和立面上受到诸多条件约束：

(1)受场地周边已建房屋建筑的限制，仅能以现有空地中央为中心，在半径约 60m 的范围内修建西桥头立交。考虑到立交桥面宽度及立交对周围建筑的最小影响距离，螺旋匝道道路中心线的半径不得大于 45m。

(2)滨江路与乌江二桥引桥高差。由于滨江路与乌江二桥引桥高差达 34m，并且受立交道路中心线半径的限制，因此只能采取设置 1 个双层螺旋环形匝道桥通过展线的办法，均匀升坡，克服高差，以解决滨江路与乌江二桥引桥的衔接问题。螺旋匝道桥横断面布置示意如图 2.3 所示。

涪陵乌江二桥螺旋匝道结构形式新颖，空间受力特性明显。通过对该匝道的空间计算分析和详细结构设计，可以认为该结构造型独特、结构合理，在满足景观和使用要求的同时，保证了结构优良的力学性能和材料的使用效率。在结构设计中运用了新颖的设计思想，实现了景观立交桥的新思路。

2)特点二：立交桥多而美

重庆的立交很多，著名的有杨公桥立交、菜园坝立交等。重庆的立交桥多而美，线条流畅而大气，错落有致的山景与多层组合的立交相融合。位于沙坪坝区的杨公桥立交(图 2.4),刚建成时,为 5 路定向式与苜蓿叶式组合立交,是西南地区最大的立交系统。“大”指的并非其占地面积大,而是其 5 岔 20 个流向在有限的占地范围内实现了最大的交通功能;再加上山城重庆的特殊地形使立交匝道走向及曲线形状多姿多样,使其成为重庆城市的一大景观。

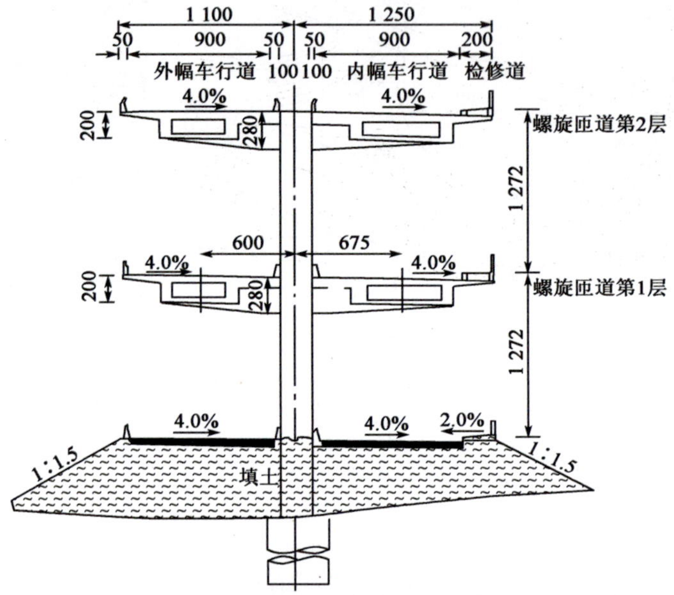

图 2.3　螺旋匝道桥横断面布置(尺寸单位:cm)

图 2.4　重庆杨公桥立交

重庆立交表现出的山地城市特点主要有:

(1)受山与水的制约,红线控制较严,占地少。

(2)畸形交叉口及多路交叉多,给立交选型、设计和交通组织带来困难。

(3)受地形约束,匝道平纵线形标准较低,线性指标控制较严。

(4)布线灵活、类型多样,一般无统一的模式,结构复杂。

(5)依山傍水,地形起伏较大,给立交匝道布设带来困难,使立交桥梁工程较多。

(6)立交间距小,相互干扰较大,因此在做立交规划时,应对一条道路上的立交群进行全面分析,而不是孤立地解决某一交叉口的交通问题。

(7)多采用下穿式和非对称式立交。

(8)由于非机动车(自行车)车流很少,一般不设置专门的非机动车道。

3)特点三:桥梁结构形式多样化

重庆桥梁结构形式丰富,也是与重庆地形地物的多样性分不开的。重庆桥梁形态各异,几乎世界上的所有桥梁类型在重庆均有出现。除有梁桥、拱桥、刚构桥、悬索桥、斜拉桥5大类基本桥型外,还有别具巴渝特色类型的传统桥型,如跳蹬桥、三峡栈道桥、码头跳板浮桥,酉阳无钉廊桥、艺术桥、罗汉桥、龙桥等。更有国内少见、重庆独创的一些现代新型特种桥梁,如双链加劲箱梁的悬索桥,单波石肋双曲拱桥,预应力混凝土桁架拱桥,无塔斜吊杆加劲刚性吊桥,钢管空间桁架加劲梁悬索桥,钢混组合式特大跨刚构桥,特大跨中承式钢管混凝土拱桥,Y形混凝土刚构与提篮式钢箱系杆和钢桁梁组合拱桥,钢管混凝土劲性骨架箱形拱桥,玻璃钢独塔单索面斜拉桥,钢管混凝土桁架连续刚构桥,特大跨径单、双塔单索面稀索体系索辅梁桥等。类型多、品种全,不仅展示了重庆桥梁的丰富多彩,也表明了重庆桥梁科学技术创新的水平和能力。

重庆是山水之城,桥梁对跨越山水起着重要作用。渝都山山各异,水水不同,每一次跨越山水都依靠建桥技术的进步与创新。2005年,茅以升科技教育基金桥梁委员会认定:重庆是中国唯一的“桥都”。重庆现有各类桥梁众多,数量、密度、规模、创新性、影响力等都远远超过中国其他城市,建设密度和施工难度世所罕见。

在重庆众多形式的桥梁中,重庆的拱桥更具特色。重庆多山多峡谷,多呈V字形河谷,桥位一般地质条件好,承载能力高,自然地理条件非常适合修建拱桥。经过多年的探索和实践,在发挥传统石拱桥技术的基础上,不断创新,攻克了一大批现代拱桥设计施工的关键技术,重庆拱桥跨径不断刷新中国和世界纪录,大跨径拱桥设计技术总体跻身于世界先进行列。20世纪60年代,重庆拱桥的最大跨径为40m,20世纪70年代最大跨径为100m,20世纪80年代最大跨径为150m,20世纪90年代最大跨径达到460m,21世纪初最大跨径达到552m,超越了世界上所有形式的拱桥,跃居世界第一拱(图2.5)。这仅仅是从跨径方面来列数的,其实重庆拱桥本身就各具特色,材质、形式多种多样,很多拱桥都是不同时期、不同方法、不同技术的创新性代表。

图2.5 重庆朝天门长江大桥

4)特点四:高墩、大跨特点明显

重庆是山城,其地形高差大,形成了一批高墩桥梁;重庆也是江城,长江、嘉陵江等江河都是水运的重要载体,其通航、行洪、水上作业等要求,也使重庆云集了众多大跨径桥梁。

在重庆的公路桥梁中,上百米墩高的桥梁数量较多,位于城市内的高墩桥梁中也有很多墩高超过60~70m的。在斜拉桥、悬索桥这些有塔结构的桥梁中,由于下塔柱的高度大,使整个塔结构总体高大。例如,早在2001年通车的重庆大佛寺长江大桥,索塔高度为206.68m,是当时的“亚洲第一高塔”。如图2.6、图2.7所示。

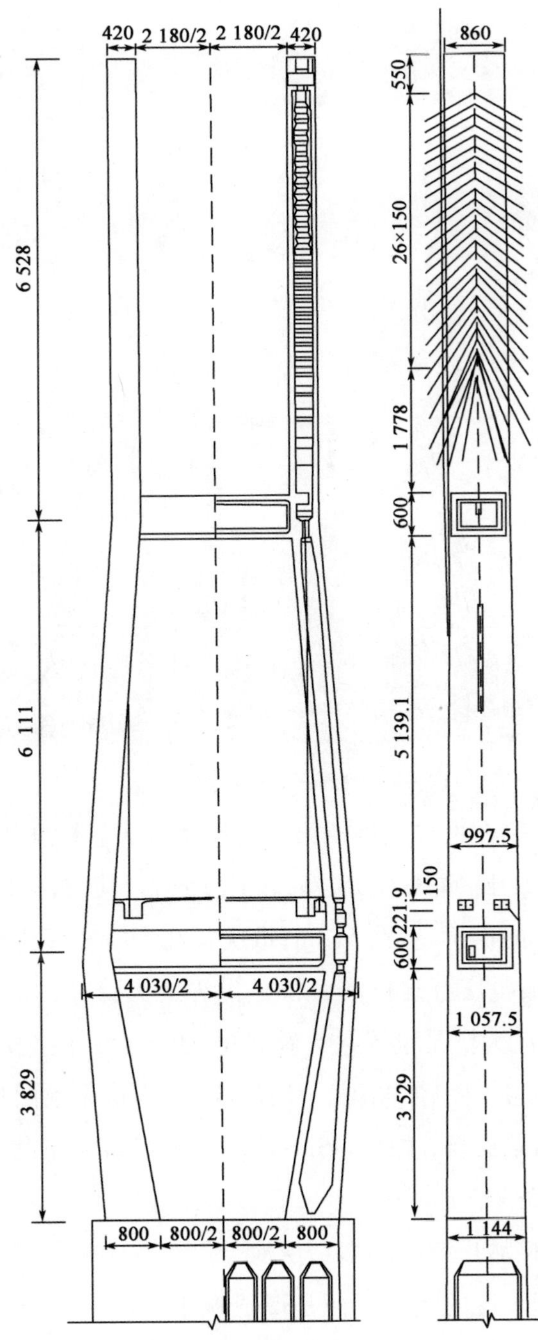

图 2.6　大佛寺大桥主塔(尺寸单位:cm)

图 2.7　大佛寺大桥

重庆大跨径桥梁在世界同类桥梁中的比例最大。根据相关统计，全世界 6 类 120 座大跨桥梁中，重庆有 18 座，占比 15%。其中，重庆朝天门长江大桥是世界最大跨径的拱桥，主跨 552m；重庆长江大桥复线桥是世界最大跨径的梁桥，主跨 330m；重庆万县长江大桥是世界最大跨径的混凝土拱桥，主跨 420m；重庆巫山长江大桥是世界最大跨径的钢管混凝土拱桥，主跨 460m；重庆长江大桥是世界最大跨径 T 构桥，主跨 174m；重庆东水门长江大桥是世界最大跨径的双塔索辅梁桥，主跨 445m；重庆千厮门嘉陵江大桥是最大跨径的单塔索辅梁桥，主跨 312m。

5）特点五：连接城市空间的多个层次

城市自然地理环境的竖向特征是形成城市竖向景观风貌特色的基础性条件，如旧金山城内的山地公园和山丘地形条件，大连的山、海、岛交相辉映的自然环境，唐山市内的三山二水等，都是形成城市竖向轮廓风貌特色的基础性条件。重庆是典型的山城、江城，山水相映，水城相依，山城一体。重庆都市区范围内宏观的“两江、四山”山水格局在塑造了都市区“多中心、组团式”空间格局形态的同时，微观的“一岛、两江”渝中半岛山地地貌，也塑造了极具山地地域风貌特色的山城竖向层次。尤其是渝中半岛处于重庆市主城区核心，长江、嘉陵江汇流处，东、南、北三面环水，西面通陆，呈两江环抱半岛状。渝中半岛地形狭长，西高东低，相对高差逾200m；南北向，渝中半岛分为上下半城，北高南低，相对高差约75m。渝中半岛具有独特的“一岛（渝中半岛）、两江（长江、嘉陵江）”山水格局和“两山（鹅岭、枇杷山）、两城（上、下半城）”地貌格局。

重庆有不少桥梁连接城市空间多个层次，其中最为典型的则是菜园坝长江大桥的引桥及桥头立交工程。菜园坝长江大桥地处重庆主城区中心地带，主要由长江大桥正桥、菜园坝立交和苏家坝立交3大部分组成，长江大桥引桥在江心分岔，并通过菜园坝立交北接渝中区的两路口、中山三路和重庆火车站广场前的菜园坝各条道路，通过苏家坝立交南接南岸区苏家坝的海铜路。

菜园坝立交为三层五叉全通式立交，与菜园坝大桥配套的共有12条匝道，其中7条与大桥直接相连。因所处的位置非常狭窄，建筑物、管线地下建筑众多，且交通繁忙，造成菜园坝立交布置相当困难。菜园坝立交实现了对上半城——两路口，下半城——菜园坝片区各道路、南区路、八一隧道，以及高程更低的长滨路3个不同空间层次的道路连接，使菜园坝长江大桥成为重庆主城唯一一座同时连接上下半城的桥梁。所连接的高差最大达60m。菜园坝立交独具匠心、见缝插针式的门形框架桥墩穿越在密集的建筑群间，不仅节约用地，还创下了零拆迁的奇迹，成为国内旧城区立交项目的范例。

苏家坝立交的地理位置也极具山地城市所独有的典型特点：其东侧地势较高，地面高程在270m左右，两侧地势较低，地面高程在190m左右，在相距430m范围内，东西两侧高差达80m。苏家坝立交所连接的高差最大近80m。

菜园坝长江大桥北引桥及菜园坝立交如图2.8所示。

图2.8　菜园坝长江大桥北引桥及菜园坝立交

6)特点六:特殊地形地质条件下的特色结构

利用地形和良好的地质条件,重庆的悬索桥多采用隧道锚形式。隧道锚与重力式锚碇相比,更经济合理,并与周边环境相适应。如重庆鹅公岩大桥和万州长江二桥等。忠县长江大桥在国内首次采用隧道锚加岩锚的锚碇构造,使围岩应力分布得到改善,增加了安全储备,节约了工程投资。

除此之外,还包括前文提到过的为了克服高差而设的螺旋式匝道桥,在涪陵涪江二桥、菜园坝长江大桥等众多工程匝道桥上的应用,也是重庆桥梁的特色结构。如苏家坝立交桥匝道桥螺旋形展线,采用回旋曲线,小半径为60m、大半径为100m,结合桥面超高横坡的变化其曲率不断变化,从而减轻了离心力对汽车的影响,让乘客感觉十分舒适。建成通车以来,至今没发生过一起交通事故,成为国内城市立交的典范之作。同时,70多米的高差,使其成为全国城市最高匝道桥。

7)特点七:轨道交通的载体

重庆市由于受特殊地形条件、城市布局及诸多历史因素的影响,重庆市中心区地处两江环抱的狭长半岛，地势起伏，地形复杂。纵向东低西高，高差达140m，平均纵坡约20%；横向（南北向）呈鱼背状，高差达180m，纵坡达18%，南北向最宽处约2km，最窄处仅800m。由于地域狭窄，人口密度大，道路条件差，居民出行大量迂回绕行，且又受困于容量有限的常规公共交通。

早在1960年，重庆就提出了建设地铁的初步规划；1983年，地铁进入城市总体规划；1991年，进入综合交通规划。但是作为山地城市，重庆建设地铁有难度，不得不依靠轻轨。2004年11月6日，重庆轨道交通2号线开始载客运营，成为国内首条跨座式单轨线路，也是西部地区第一条城市轨道交通线路。随着重庆轨道交通建设的发展，为了提高运载量，减少轨道交通对城市生态、人居环境影响，重庆市建设并开通了地铁1号线，为了适应重庆特有的山地地形，重庆市的地铁爬坡能力最强（30%以上）、埋深最深（埋深最深处在地下60多米）、速度最快（最高时速达100km/h），这在全国的地铁中绝无仅有。

在轨道交通网络下，重庆桥梁有了新的特点，那就是作为轨道交通的载体。按照跨越方式可以分为轨道高架桥和跨江大桥。

轨道高架桥是设于城市道路及建筑之上的高架桥，其墩位及造型受城市各类地物建筑和地形、地质等条件的约束很大。重庆轨道高架桥（图2.9）在实践中因地制宜，灵活设计创造出各种类型的桥墩形式，如单T形、倒L形、门形、悬臂形、Y形墩等。后期建设的轨道高架桥，在上述以前常用的桥墩形式上进行了美化、细化设计，如减小部分尺寸、转交平滑处理、刻槽处理、涂装处理和其他景观效果处理，克服粗大、呆板的缺点，桥墩形态更加优美、轻盈。

重庆轨道过江大桥有多种形式：一是轨道专用跨江大桥，二是公轨共面合建跨江大桥，三是公轨分层合建跨江大桥。

一般来讲，由于山地城市桥位资源宝贵，跨江大桥的基础工程投入大、难度高，故多采用公轨合建形式，但是考虑到汽车交通和轨道交通建设可能存在因时间上的差异较大而引起的技术上的问题，部分桥梁采用了轨道专用桥，例如轨道交通3号线牛角沱大桥（图2.10）即是轨道专用桥，还有目前处

图 2.9　重庆轨道高架桥

图 2.10　重庆轨道 3 号线牛角沱专用桥

于前期研究的轨道环线高家花园轨道专用桥等。这两个轨道专用桥具有明显的共性:一是都位于城市的主要核心区域;二是都属该桥位下的第三桥,即汽车交通跨江桥已建成通车多年后,因交通流量增大而再建的复线大桥(其中高家花园汽车交通复线桥已经开工建设），轨道交通桥成为第三桥。

图2.10中三座大桥从上到下依次是：重庆嘉陵江大桥、渝澳大桥和轨道3号线牛角沱专用桥。牛角沱专用桥采用了与渝澳大桥一致的桥型和跨径，为主跨160m的预应力混凝土连续刚构桥。

公轨共面合建跨江大桥是汽车交通和轨道交通在同一个平面内通行，重庆鱼洞长江大桥即是这种情况的典型代表。

重庆鱼洞长江大桥是重庆市总体规划中的一座特大型城市桥梁，轨道2号线延伸线过江载体，全桥总长1 541.6m，主桥为(145＋2×260＋145)m连续刚构，在同桥面布置六车道汽车和双线轨道交通，桥面总宽达41.6m，成为长江上同类桥梁中最宽的跨江大桥。其260m的主跨已经达到连续梁桥世界前列，设计技术难度大，且技术含量高，针对全桥公、轨同桥共面，荷载复杂且不对称的特点，首创性地采用主梁截面不对称来适应荷载不对称，改善桥梁受力性能，提高桥梁经济性能。鱼洞长江大桥公轨共面横断面布置如图2.11所示。

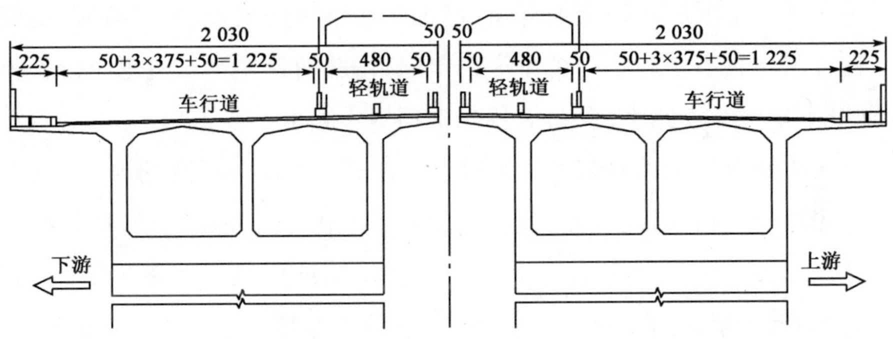

图2.11　鱼洞长江大桥公轨共面横断面布置(尺寸单位：cm)

公轨分层合建跨江大桥在重庆较多，影响力也更大，如著名的朝天门长江大桥、菜园坝长江大桥以及东水门长江大桥、千厮门嘉陵江大桥等。

公轨分层横断面布置如图2.12所示。

8）特点八：隧桥相接

由于山、江、城的特殊组成，低处为江、高处为山的特殊地形，高程差异大，重庆的桥梁很多为桥隧相接，如黄花园嘉陵江大桥和石板沟长江大桥紧

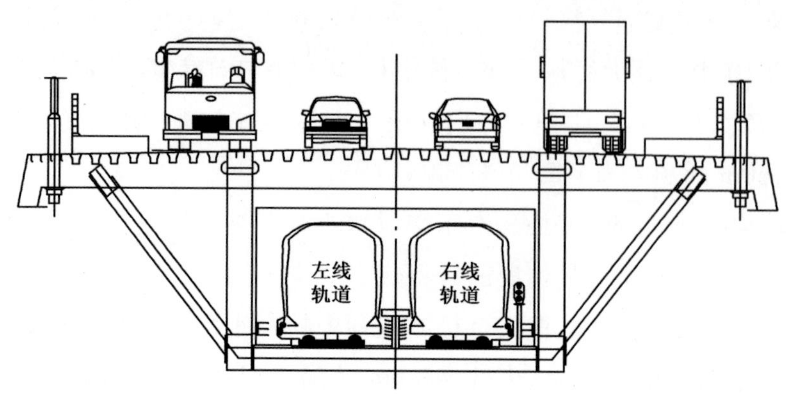

图 2.12　公轨分层横断面布置

接石黄隧道,嘉华大桥紧接嘉华隧道、华村隧道和虎头岩隧道,菜园坝长江大桥紧接南城隧道、八一隧道。两江大桥工程更是由渝中隧道将千厮门嘉陵江大桥和东水门长江大桥直接相连,成为重庆市的首个桥隧一体化工程。

9)特点九:单向交通桥

单向通行是解决城市交通拥挤、增加交通容量的最直接、最有效、最经济的一种方法。它不单纯是一个车道的单向行驶,而且多个车道也可以实行单向行驶;不单纯在支路上使用,而且也常用于干路上。

重庆市是典型的山地城市,路网为自由式结构,交通流的方向性较强。主干道交通压力很大,几大商圈的交通压力也很大,山地城市的特点决定了在主城核心地区修建全定向式立交存在建设用地极其困难的问题,因为管网、住宅的拆迁量远高于直接工程费用,且技术难度大。为此,在重庆,大量采用了单循环系统组织山地城市主干道路的交通转换,解放碑、观音桥、沙坪坝、南坪、杨家坪等几大商圈无一例外,两路口、石桥铺等重要交通节点地区也采用了单循环。于是,重庆便有了一批单向交通桥,其中几座规模还相当大,如重庆嘉陵江大桥、渝澳大桥、重庆长江大桥、石板坡复线大桥。其中重庆嘉陵江大桥和渝澳大桥完全是因为观音桥商圈大循环和两路口大循环刚好位于嘉陵江南北两岸,地理位置很近,两座大桥实行单向交通,使两个区域的循环交通连成一片。

10)特点十:高架桥沿江而设

当重庆从一座码头城市走向山水之城的时候,因舟楫之利而兴盛的两江沿线,作为重庆独特的山水景观,自然就成为重庆不可或缺的地标符号,在城市经济发展过程中扮演着越来越重要的角色。沿江而建的滨江路形成环绕重庆主城的滨江经济带,给重庆的商贸、交通、文化带来巨大的经济价值。全国临江而建的城市不少,对滨江带的打造各有特色,而重庆沿江路岸坡陡、邻江近、桥梁多,顺江岸而建的各类滨江桥梁成为重庆滨江路上的佼佼者。

重庆主城两江(长江、嘉陵江)四岸基本均已建成滨江路,如嘉滨路(嘉陵江)、长滨路(长江)、南滨路(长江)、北滨路(嘉陵江)、牛滴路(嘉陵江)、沙滨路(嘉陵江)、九滨路(长江)、巴南滨江路(长江)、北部新区滨江路(嘉陵江)、大渡口区滨江路(长江)。重庆滨江路上的桥梁占路线总长的42%,超过百米的桥梁很多,结构大多为混凝土T梁、连续空心板、简支梁、箱梁等,少数采用混凝土拱桥或混凝土半拱桥结构。重庆滨江高架如图2.13所示。

图2.13 重庆滨江高架

2.4 重庆桥梁设计创新的特殊性

与其他城市相比,重庆桥梁设计创新具有一些特殊方向和重点,体现在以下 4 个方面。

1)研究和建造适合库区的桥梁

三峡库区河流的水环境和地质条件发生了变化;水位落差大幅度增加;河床演变及航道变化;对桥梁跨越能力的要求提高;船舶撞击风险及对策;其他相关病害。

2)公轨两用桥的合理形式及建造方式

公轨过江需求都很突出,但桥位资源越来越有限;公轨合建对桥梁的要求更高(荷载标准、刚度、挠度与转角、动力特性、横断面、接线、分期建设计划等)。

3)组合结构桥梁的建设

桥梁结构体系组合及材料组合成为现代桥梁建设的一种发展趋势,也是桥梁创新的一个重要内容。

4)桥梁美学的深化

适合山地城市特性的桥梁(造型、色彩、灯饰等);桥梁的美学应用在设计理念和表现手法上进一步深化。

以上重点在重庆两江大桥工程的设计与创新中也得到了体现。

3 越江复合交通公轨桥隧“一体化”总体方案

3.1 重庆市概况

重庆是中国著名历史文化名城,有文字记载的历史达3 000多年,是巴渝文化的发祥地。1891年,重庆成为中国最早对外开埠的内陆通商口岸。1929年,重庆正式建市。抗日战争时期,重庆为陪都,重庆同华盛顿、伦敦、莫斯科一道被列为世界反法西斯4大指挥中心,为世界反法西斯战争做出了巨大贡献。抗日战争时期和解放战争初期,以周恩来同志为代表的中共中央南方局在重庆负责领导国统区、港澳及海外地区的党组织和统一战线工作,形成的“红岩精神”,是激励重庆人民的巨大精神动力,是我们国家和民族的宝贵精神财富。民盟、民建、九三学社和民革前身之一的“三民主义同志联合会”均在重庆成立。

新中国建立初期,重庆为中央直辖市,是中共中央西南局、西南军政委员会驻地和西南地区政治、经济、文化中心。1954年,西南大区撤销后改为四川省辖市。1983年,党中央、国务院批准重庆成为全国第一个经济体制综合改革试点城市,实行计划单列。1997年3月14日,第八届全国人大五次会议批准设立重庆直辖市,6月18日正式挂牌。

重庆是中国中西部唯一一个直辖市,国家重要中心城市,长江上游地区经济中心,国家重要的现代制造业基地,西南地区综合交通枢纽,全国统筹城乡综合配套改革试验区。直辖市设立后,以交通为重点的基础设施建设成效明显,建成“二环八射”高速公路网和“一枢纽五干线”铁路网,基本实现“4小时重庆”“8小时周边”,港口年货物吞吐量突破1.2亿t,江北国际机场年旅客吞吐量超过2 500万人次。

2013 年,全市 GDP 12 657 亿元,增长 12.3%;公共财政预算收入 1 693 亿元,增长 15.5%;全社会固定资产投资 11 205 亿元,增长 19.5%;社会消费品零售总额 4 512 亿元,增长 14.0%;进出口总值 687 亿美元,增长 29.1%;城镇居民人均可支配收入 25 216 元,增长 9.8%;农民人均纯收入 8 332 元,增长 12.8%。2015 年一季度,全市经济社会继续保持较好发展势头,GDP 增长 10.9%,工业增加值增长 13.0%,固定资产投资增长 18.1%,社会消费品零售总额增长 12.9%,公共财政预算收入增长 16.5%,进出口总值增长 82.3%,城乡居民收入分别增长 9.4% 和 12.8%。

重庆是一个大城市与大农村共生的直辖市,其性质类似一个省,市域面积 8.24 万 km^2。都市区在空间上分为主城区和郊区两个部分。主城区为集中进行城市建设的区域,范围为 2 737km^2,其中,中心城区位于中梁山、铜锣山之间,是主城建设的主要区域和旧城所在地,范围为 1 062km^2。郊区范围为 2 736km^2。

城市空间结构为"一城五片、多中心组团式"。主城由中部、北部、南部、西部、东部 5 大片区组成,中心城区包括中部、北部、南部片区;多中心包含 1 个城市中心和 6 个城市副中心,中心城区包含其中的城市中心和 4 个城市副中心。城市中心包含中央商务区和商业中心,由江北城、解放碑、弹子石滨江地区共同组成;6 个城市副中心为已有的沙坪坝、杨家坪、观音桥-新牌坊、南坪副中心,及新规划的西永、茶园副中心。都市区城市建设用地分为 16 个组团和 8 个功能区,中心城区包含其中的 11 个组团和 2 个功能区。

经济一体化和大流通的发展趋势对城市交通提出很高的要求,而重庆独特的两江绕城的地理环境将主城分割成几个独立的片区,很大程度上影响了区域之间的交通往来,成为制约区域经济一体化的瓶颈因素。为促进经济可持续快速增长,重庆市都市区城乡总体规划(2007 ~ 2020 年)中提出发展以轨道、城市道路(高速公路)、地面快速公交为主体,交通换乘枢纽为依托的综合交通运输体系。

江北嘴中央商务区区位优势明显，地理位置优越，东临长江黄金水道，南濒嘉陵江，距寸滩保税港区、解放碑商圈、观音桥商圈各3km，处于“一区两圈”的交汇点。

江北嘴中央商务区按照“双城一轴五区”（“双城”：记忆之城、未来之城；“一轴”：中部联系两江四岸的核心景观主轴；“五区”：商务办公区、综合服务区、混合使用区、休闲娱乐区和配套居住区）的城市空间进行布局，集中建设高档办公写字楼、金融服务设施和重庆大剧院、重庆科技馆等大型公益文化设施。体现出3个突出特点：一是记忆之城与未来之城相结合，高档办公写字楼和明玉珍陵墓、天主教堂、基督教堂等百年历史遗迹交相辉映；二是高层建筑与超高层建筑鳞次栉比，错落有致；三是高端文化设施与精品绿化广场相匹配，实现“森林里办公，公园里购物”。

截至目前，江北嘴中央商务区已经完成土地拆迁整治、市政道路和综合管网、江溉路及护岸综合整治、重庆大剧院和重庆科技馆等市政基础设施和公益文化设施的建设，从市政基础设施和公建配套阶段全面转入了项目开发和城市形象功能的建设阶段。并成功引进了中国工商银行、中国农业银行、中国银行、中国建设银行、交通银行、国家开发银行、华夏银行、重庆银行、重庆农村商业银行、西南证券、保险公司等20余家重点金融机构在此设立区域总部，香港九龙仓、台湾越洋、北京金融街等知名企业开发商业地产项目。到2013年，江北嘴中央商务区形象将初见端倪；到2015年，基本建成江北嘴金融核心区；到2018年，一个功能完善、配套齐全的长江上游金融核心区将全面建成，集聚全市80%的金融机构，30%的存贷款余额，使重庆金融业实现增加值达到750亿元。

3.2.4　弹子石地区

作为重庆最早的开埠之地和近现代工业重镇，弹子石有着难以磨灭的历史记忆。为加快区域经济发展，2010年5月，南岸区委、区政府做出将弹子石打造成国家中心城市的窗口示范区的决策，预示着这座老城涅槃重生后的辉煌再现。

根据规划，弹子石示范区共 11km^2，由 A、B、C、D、E、F 6 个功能组团组成，涵盖了弹子石街道、涂山镇、鸡冠石镇的大部分区域。目前，示范区已经完成了高品质的城市设计，确立了以总部经济为核心的产业策略；区域累计实现固定资产投入近 200 亿元；积极实施农村征地和城市拆迁；完成了滨三期、腾龙大道及腾滨路等市政道路与城市配套设施建设；出让了土地 2 000 亩（1 亩 =666.6m^2），重庆龙湖地产、重庆中海地产等品牌企业相继入驻；积极推进宜居城区建设，滨三期、腾龙大道景观通廊初步形成，中海国际公园、滨江广场和公园加紧建设；龙湖郦江、国际社区等楼盘拔地而起，城区配套进一步完善，其作为重庆地理、交通、经济三大中心的显赫地位正日益显现。

3.3 重庆市轨道交通

3.3.1 重庆市轨道交通发展规划

针对重庆主城区“两山阻隔、两江切割”特殊的地形条件，以及城市结构已经呈现出的“多中心、多组团式”演变趋势，通过发展“大运量地铁和中运量单轨相结合”的轨道交通系统，引导城市逐步形成“经济、节能、环保、宜居”的规划发展模式。

重庆第一条轨道交通线路，是轨道交通 2 号线。它是 2000 年国家西部大开发首期十大重点工程之一，也是国内第一条采用跨座式的高架单轨，2000 年正式开工，2005 年试运行，2006 年全线贯通运营。2 号线起自商业中心较场口，西至钢铁基地新山村，全长 19.15km，其中地下 2.5km，共设 18 座车站，含 3 座地下车站，总投资 43 亿元，平均造价 2.3 亿元/km。2 号线跨越 4 个行政区［渝中区、九龙坡区、大渡口区、巴南区（远期规划）］，辐射 9 个片区，衔接主城 6 大行政区的重要交通干线、桥梁和客流集散枢纽，服务于核心城区的商业区、公共活动区等大型客流集散点，目前日运送旅客近 10 万人次，2006 年客运量达到 2 202 万人次，很大程度上缓解了沿线区域交通紧张的矛盾,改善了居民出行条件和乘车环境。

2007 年,重庆市政府第 99 次常务会议通过了《重庆市主城区轨道交通线网控制性详细规划》,确定了未来主城区 2 737km^2 内将铺设总长 513km 的十条轨道线路,呈"九线一环"布局,以渝中半岛和江北区为中心,将两江切割形成的 3 大块城市核心区连为一体。"九线一环"将 7 次穿越"四大山脉",8 次跨越嘉陵江,10 次跨越长江。基本线网"六线一环"线路总长 363.5km,其中地下线 169.6km,高架线(含地面线)193.9km 。主城区轨道交通基本线网密度为 0.46km/km^2,远景线网密度为 0.65km/km^2。

为适应重庆发展需要,重庆市政府在"九线一环"的基础上确定了"十七线一环"的规划,至 2050 年,重庆市将建成 18 条轨道交通线路,构成轨道交通"环 + 放射"网络结构线网。届时,轨道交通总长约 820km,其中主城区轨道交通线路约 780km,主城区轨道交通线网密度约 0.69km/km^2。轨道交通占机动化出行比例为 45% ,占公交出行比例为 60% 。

重庆轨道交通"十七线一环"线网布局和规模为:

(1)1 号线:朝天门—两路口—沙坪坝—璧山,长约 44km。

(2)2 号线:较场口—杨家坪—大渡口—鱼洞,长约 31km。

(3)3 号线:鱼洞—南坪—观音桥—重庆北站—江北机场—空港保税区,长约 66km。

(4)4 号线:新牌坊—重庆北站—唐家沱—复盛—龙兴,长约 50km。

(5)5 号线:悦来—园博园—人和—冉家坝—石桥铺—重庆西站—跳蹬,长约 48km。

(6)5 号线支线:歇台子—杨家坪—李家沱—跳蹬—中梁山—西彭—江津,长约 55km。

(7)6 号线:茶园—解放碑—红旗河沟—冉家坝—礼嘉—蔡家—北碚,长约 56km。

(8)6 号线支线:礼嘉—水土,长约 26km。

(9)7 号线:北碚—歇马—西永—白市驿—九龙工业园—双福工业园,长约58km。

(10)8号线:鱼嘴—广阳岛—茶园—界石,长约51km。

(11)9号线:沙坪坝—红岩村—观音桥—江北城—回兴—两路,长约36km。

(12)10号线:兰花路—南坪—曾家岩—重庆北站—江北机场—悦来—王家庄,长约45km。

(13)11号线:弹子石—唐家沱—石坪,长约15km。

(14)12号线:鹿角—李家沱—重钢—大渡口—巴国城—重庆西站—白市驿,长约27km,远景预留延伸至金凤的线路走廊。

(15)13号线:大学城—西永—蔡家—国博中心,长约39km。

(16)14号线:水土—木耳—龙兴,长约39km。

(17)15号线:双碑—礼嘉—龙兴,长约44km。

(18)16号线:蔡家—水土,长约15km。

(19)17号线:西永—大学城—台商工业园—双福工业园—江津,长约41km。

(20)环线:四公里—谢家湾—奥体中心—陈家坪—重庆西站—沙坪坝—重庆北站—五里店—四公里,长约51km。

3.3.2 重庆轨道交通6号线

重庆轨道6号线是主城区轨道交通线网的重要组成部分,是轨道交通基本线网的主骨架,是继2号、3号和1号线之后开始建设的第4条轨道交通线。6号线东起南岸区茶园新区,北至北碚,现有一条支线——国博线,远期还规划有迎龙支线。正线与支线均采用地铁系统。该线路横跨长江、嘉陵江,贯穿了南岸区、渝中区、江北区、渝北区、北碚区5个行政区,连接弹子石、解放碑、江北城3大CBD,以及未来的行政中心和大竹林、礼嘉、蔡家组团,不仅是轨道交通线网中东南往西北的骨干线路,还是两江新区的核心交通动脉。6号线与已通车的1、2、3号线共同构成主城轨道交通线网骨架,连接主城7区、5大商圈、机场、火车站、长途汽车站等重要客流集散地,将充分发挥容量大、速度快的优势,有效缓解主城及沿线交通压力。

根据轨道6号线的主要走向,在穿越渝中半岛时将跨越长江和嘉陵江各一次,形成两座跨江城市桥梁,东水门长江大桥和千厮门嘉陵江大桥成为轨道6号线过江通道的重要节点工程,对支撑6号线一期工程的顺利实施起重要的作用。

3.4 重庆中央商务区的主要交通

3.4.1 渝中半岛对外交通状况

随着重庆经济社会的快速发展、城市对外辐射能力的增强以及机动车保有量的快速增长,主城区交通仍然面临一些问题和挑战,部分地区交通拥挤、拥堵依然存在。其原因主要有:

(1)机动车保有量迅速增长,交通基础设施增速有限。

(2)核心区内交通吸引大,路网承受能力不足。

(3)主城区内结构性路网不完善,尤其内环以内快速路尚未成网。

(4)部分跨江大桥穿山隧道成为道路瓶颈。

(5)商圈内过境交通与达到交通叠加,导致道路拥堵。

(6)节点功能不完善、通行能力不足。

进出渝中半岛前沿有7条主要道路和桥梁:黄花园大桥、嘉滨路、人民路、中山一路、南区路、长滨路和石板坡长江大桥。上述道路桥梁的平均饱和度为0.75,平均服务水平为C级。要使进出渝中半岛前沿的主要道路系统的服务水平得到提高,使其交通服务水平达到B级,必须对现有的道路桥梁进行改造或者建设其他的道路桥梁以分担一定的交通压力;即使要保持现有的交通服务水平不低于C级,主要道路系统通行能力的富余也极其有限,而且具有富余潜力的是长滨路、嘉滨路。从目前渝中半岛的道路交通网络特征来看,要很好的发挥两条滨江路的通行能力是比较困难的。随着南坪弹子石片区的开发，石板坡长江大桥的交通量将很快增加，服务水平也将随之而下降。因此，如果不改变目前进出渝中半岛前沿的主要道路系统，现有的道路网络系统就无法满足渝中岛前沿地带的交通需求。

1）核心区的对外交通联系呈明显的“口袋交通”特征

半岛核心区“口袋”状对外交通形态明显，通道方向分布不均，对外交通受限。半岛以东的城市商业繁华地区位于半岛交通末端，向东、向南、向北的交通均需绕行，从西侧进入，然后从西侧返回。整体看来，解放碑—朝天门地区西向交通通道相对发达，南北向、东向交通通道相对不足。

渝中半岛主要道路如图 3.1 所示。

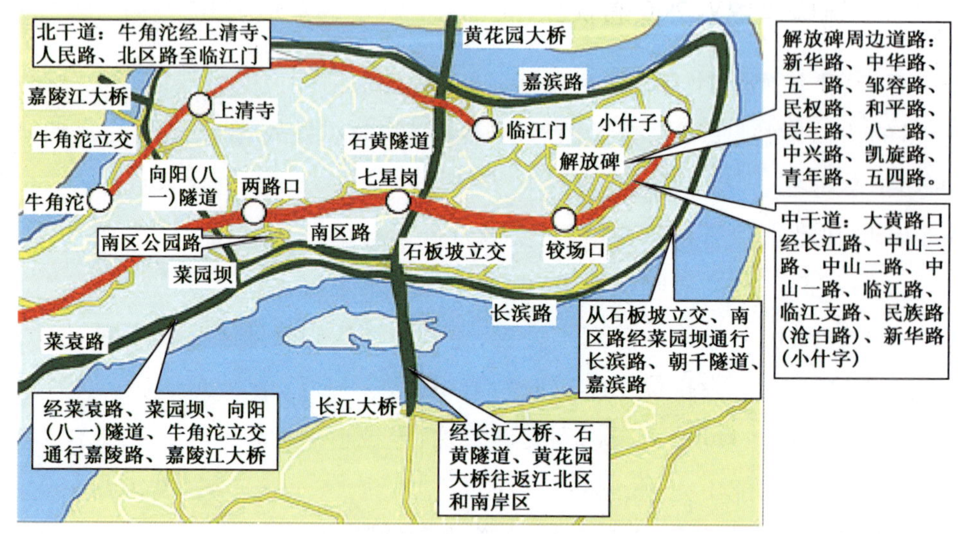

图 3.1 渝中半岛主要道路

（1）西向通道：西向主要通道承担了该区域对大坪、两路、九龙坡、沙坪坝的交通，由嘉滨路、北区路、中山一路、解放西路、长滨路共 5 个通道构成。

（2）南、北向通道：南北向主要通道为黄花园嘉陵江大桥和石板坡长江大桥，主要承担江北—渝中—南岸这一南北向交通，但由于位于地区西侧外围，承担了大量的南北过境交通，所以不足以有效支撑解放碑—朝天门地区对外交通的需求。另外，南北向交通进入以后，最终都要汇集到西侧的 5 个通道上。

(3)东向通道:仅有长江索道这唯一方式来联系渝中与上新街,机动车出行也只能绕到至西向的通道上,严重缺乏道路交通通道。

综合来看,半岛地区现状对外交通联系只能依靠西向交通进行转换和折返。呈明显的口袋交通特性。

2)由于地形高差等原因,几条西向通道之间的交通联系较弱

解放碑—朝天门地区由两江环绕,地形中间高,南北两侧向江边逐级倾斜降低。主要表现在滨江道路的通道功能没有完全发挥,尤其是长滨路,由于和周边路网衔接的接口较少,使得双向六车道的长滨路没有发挥应有的作用,这也一定程度地增加了西向通道的交通压力。另外,上下半城通道之间交通联系也相对较弱,由于缺乏必要的交通联系,这也增加了车辆的绕行距离。

3)道路交通运行水平基本保持平衡

依托两路口环道、临江门交叉口、较场口转盘等重要节点形成的几个“阀门”,很好地调节了进入半岛核心区的交通流量,正是由于“阀门”存在,对进入半岛核心区的车流起到一个截流和缓冲作用,导致内部交通网络处于一个相对平衡的状态。

4)现状道路交通设施仍大有潜力可以挖掘

鉴于半岛地区的土地开发强度已经趋于饱和,通过大规模地增加道路,来提高整个趋于路网容量的方式已经不可能,因此,亟须挖掘现有道路交通设施的潜力来提高道路交通容量。

5)亟须提高公共交通的服务水平,优化半岛地区的居民出行结构

这包括两部分内容,一是大力推进半岛地区轨道交通的实施,将大量的出行需求转移至地下或者地上,从国内外的城市交通发展经验来看,这是解决中心区交通问题的首选;另一方面,由于现状进入半岛核心区交通线路有110条,常规公交依靠低效率、高密度的发车班次来解决居民的公交出行需求,因此,亟须整合优化,依托交通换乘枢纽的打造来削减公交线路。

3.4.2 中央商务区三片区之间内部联系交通

从地理位置而言,解放碑 CBD、江北城 CBD 和弹子石 CBD 在空间上构成了城市 CBD 的“金三角”。其中,解放碑地区已发展成熟,江北城地区正在开展大规模建设,弹子石地区处于开发起步阶段。从长远来看,整个 CBD 的发展潜力巨大。目前,解放碑 CBD 的土地开发强度已趋于饱和,其进一步的发展已受到用地、环境、道路交通等容量限制,而且解放碑“口袋交通”问题突出,因此,迫切需要通过构建有效的联系通道,优化解放碑 CBD 交通结构,加强 CBD“金三角”之间的交通联系,发挥解放碑 CBD 的辐射和带动作用。

江北城 CBD、解放碑 CBD、弹子石 CBD 所组成的“金三角”地区,主要有 3 个方向的交通联系:江北城 CBD—弹子石 CBD、解放碑 CBD—江北城 CBD、解放碑 CBD—弹子石 CBD。

3 片区之间主要联系通道有石板坡长江大桥(包括复线桥)、黄花园嘉陵江大桥以及朝天门长江大桥,3 座大桥与内环线东段共同构成了项目周边区域的快速路网格局。

嘉陵江黄花园大桥—石板坡长江大桥一线,位于都市区南北向交通主通道上,直接连接江北、江北城 CBD、渝中半岛西侧、南坪、南岸等地,是南北向交通的快速通道。

朝天门长江大桥,直接连接江北、江北城 CBD、弹子石 CBD、唐家沱等地,是快速路三横线的组成部分,是横跨都市区东西向交通的快速通道。

从现状路网格局(考虑朝天门大桥建成)分析,“金三角”地区 3 个方向的交通联系主要由以下相应路径进行疏解:

(1)江北城 CBD—弹子石 CBD,依靠朝天门大桥进行疏解,该方向交通较为便捷。

(2)解放碑 CBD—江北城 CBD,需经由黄花园大桥,并向东或向西绕行进出解放碑 CBD。

(3)解放碑 CBD—弹子石 CBD,主要由黄花园大桥—朝天门大桥或石板坡长江大桥两条路径疏解,但这两条路径均需绕行较长距离,尤其是经石板坡长江大桥至弹子石 CBD。

因此,基于这样的路网格局,江北城 CBD—弹子石 CBD 交通联系主要依靠朝天门大桥,比较便捷;解放碑 CBD—江北城 CBD、解放碑 CBD—弹子石 CBD 交通联系均需要绕行,缺乏便捷的交通通道。

3.5 公轨交通建设模式

在渝中半岛—江北城—弹子石之间,轨道交通与城市道路交通均对过江通道载体有需求。桥梁建设模式主要可考虑公轨分建和合建两种。

3.5.1 公轨分建桥梁

在重庆城区,轨道交通专用桥并不多见,已建成的仅有轨道 3 号线牛角沱嘉陵江大桥,该桥与已建成的城市道路桥渝澳大桥之间平面距离仅 0.5m,主桥结构形式、跨径、墩位保持一致,由于两桥建设时间与投资方式等方面的差异,在早期设计渝澳大桥时,采用了公轨分建的方式。但由于两桥之间距离极近,在渝澳大桥建设时确定轨道专用桥与渝澳大桥保持高度一致,并且同步建设基础及桥墩的水下部分。这一建设思想,为后期轨道专用桥的建设带来了很大方便。后来的高家花园轨道桥,也是因为道路交通桥梁建成已久,才采用了公轨分建的方式。

对于公轨分建桥梁,其优点在于:

(1)由于建设单位不一致,分建时建设管理相对单一。

(2)由于建设实施计划和建设周期不一致,分建时易分期实施、分期通车,互不影响。

(3)由于荷载标准及其对结构的要求不一致,分建时需处理的技术问题互不叠加。

但是,公轨分建桥梁却具有较为突出的缺点,如:对桥位资源造成浪费,对通航、行洪的影响更大,存在重复建设的问题等。更重要的是,一体化更加节约整个社会的资源,能发挥更大的效能,是整个社会发展的趋势。

为此,轨道交通6号线上新街至大剧院段,在东水门和千厮门处采用桥梁形式跨越长江和嘉陵江。若6号线单独采用轨道桥形式跨越两江,结构形式较为简单,对轨道交通建设而言投资较少,不增加渝中半岛目前的道路交通压力;但是不能充分利用桥位资源,无法解决其他交通工具过江需求,同时,不利于轨道交通与城市道路交通的衔接。

3.5.2 公轨合建桥梁

对于公轨合建桥,重庆的首座桥梁是菜园坝长江大桥,采用公轨分层的方式,之后的鱼洞长江大桥,采用了公轨同面的方式,朝天门长江大桥则采用了公轨分层且预留车道与轨道同面的方式。公轨合建桥梁,对节约有限的桥位资源、避免重复建设、实现复合交通一体化建设,发挥了重要作用。

3.5.3 公轨复合一体化建设

对重庆这个山地城市而言,复杂的地形地物对桥位选择有很大的限制作用。另外,长江和嘉陵江在渝中半岛朝天门处交汇,处于合流之后长江下游的朝天门长江大桥,距离黄花园大桥约3.9km,距离重庆长江大桥约6.4km。而朝天门长江大桥距离朝天门的两江汇流处1.7km。两江大桥可选桥位的范围已经非常狭窄。

从交通建设发展战略来看,“一体化”发展战略包括了3个方面:

(1)交通一体化发展战略。

(2)轨道交通与城市空间一体化发展战略。

(3)技术创新与产业一体化发展战略。

因为两江大桥公轨交通建设的目标与“全面缓解核心城区地面交通拥堵”是一致的,其共同作用下能发挥更大效能,且与需求出现的时间相近。两江大桥采用公轨复合交通,符合一体化发展战略,也具备实施条件。

为此,综合考虑节约工程投资,充分利用过江桥位资源,加强轨道交通与城市道路交通衔接等因素,东水门长江大桥和千厮门嘉陵江大桥采用路轨两用桥,解决城市道路交通和轨道交通过江的需求。

东水门长江大桥和千厮门嘉陵江大桥工程主要是实现轨道过江的交通需求,同时新开辟一条连接弹子石片区—渝中半岛—江北城片区道路的过江通道,分流部分交通,以减轻现有通道的压力。鉴于渝中半岛地区密集的建筑结构和对现有交通组织及其改进的可行性分析,将过境交通大规模引入渝中半岛现有道路的方案可行性不大,故保持现有交通组织结构,采用下穿地道分流过境交通,按城市次干道等级设计两江桥项目的道路交通。

因此,两江大桥功能定位为:以轨道交通和公共交通为主的城市桥梁,道路等级为城市次干道。这一定位充分体现了"发挥轨道交通在城市客运交通体系中的骨干作用,优化城市综合交通体系功能结构"的思想。其发挥的作用有:

1)满足轨道过江需求

根据重庆市城市轨道交通规划,轨道交通 6 号线将在东水门跨越长江,形成东水门长江大桥;在千厮门跨越嘉陵江,形成千厮门嘉陵江大桥。东水门、千厮门位于渝中半岛,对于快捷联系南岸上新街、渝中核心区、江北嘴是非常有利的。综合考虑轨道交通服务的半径和范围,以及两江三地的空间地理位置,可以确定两江大桥的修建能够满足轨道交通 6 号线的过江需求。

2)完善城市道路系统

两江大桥公路通道的建设,将增加渝中半岛地区的进出联系通道和城市道路网密度,加强交通服务功能,完善城市道路系统,将彻底改变半岛地区"口袋"交通的现状。同时,还可以缓解石板坡长江大桥、黄花园嘉陵江大桥等过江通道的交通压力,使得部分原先依靠现有大桥出入半岛核心区的交通流量,分流至东水门大桥和千厮门大桥,从而保障城市主骨架的畅通。

3)应对城市机动化发展

自重庆市成为直辖市以来,随着城市化的迅猛发展,尤其是南岸弹子石、江北嘴、渝中解放碑片区的快速建设,使得人们的交通需求层次不断提高,促进了汽车产业的长足进步，加快了城市交通机动化的进程。形成了城市化与交通机动化的联动发展，导致城市交通需求总量急剧增长、供需矛盾日益尖锐，现有的交通设施已经不能适应现代社会发展的需要。两江大桥公路通道的修建，能够较好的适应周边区域机动化发展的需要，是坚持以人为本的可持续科学发展观的充分体现。

4）适应城市开发建设

随着南岸弹子石、渝中解放碑片区、江北嘴的快速建设，居民对城市道路的要求越来越高。两江大桥城市道路能有效地将三个片区连成一体，可以发挥巨大作用，有利于居民出行的方便和促进社会经济的快速发展。城市道路随轨道交通线过江的建成，还可以较快地疏散渝中半岛的部分交通流，缓解渝中半岛巨大的交通压力，有效改善两江三地的交通环境，带动两江三地的经济发展，促进城市的进一步开发建设。

3.6 公轨复合交通下桥隧一体化路线方案

3.6.1 桥位

根据《重庆市城乡总体规划（2007 年～2020 年）》，将在东水门处修建东水门长江大桥，在洪崖洞处修建千厮门嘉陵江大桥。

根据重庆市城市轨道交通规划，轨道 6 号线在东水门处跨越长江，在洪崖洞处跨越嘉陵江，在距离上游的轨道 4 号线和下游的轨道环线均在 2.5～3km 内规划过江桥位。综合考虑轨道交通服务的半径和范围，可以确定规划预留的轨道 6 号线走廊在东水门处跨越长江及洪崖洞处跨越嘉陵江是合理的。同时，规划也在沿线进行了预留和控制。

为此，两江大桥采用了符合规划的合理桥位。在公轨复合交通下，如何处理轨道与公路交通在线路上的关系，如何处理在渝中半岛、江北和南岸的接线问题，确保实现既定的工程定位与功能，成为该项目路线方案的重点与难点。

3.6.2 路线方案

1)平面

两江大桥工程起于现状涂山路,向西跨长江后连接陕西路,下层车行隧道对穿渝中半岛连接东水门长江大桥与千厮门嘉陵江大桥。路面道路系统经打铜街、民族路、沧白路后,从洪崖洞与南国丽景之间穿出上跨嘉陵江后接江北城大街南路。

从重庆市综合交通规划来看,千厮门嘉陵江大桥上游1.2km处有交通量已经接近饱和的黄花园大桥,下游2.7km处有朝天门长江大桥;东水门长江大桥上游3.2km处有石板坡长江大桥,下游3.2km处有朝天门长江大桥;千厮门嘉陵江大桥和东水门长江大桥作为城市桥梁,主要的功能是连接江北城中央商务区、解放碑中央商务区和南岸区配套设施,以通行轨道交通为主,属城市次干道系统,旨在实现小区域的连接。因渝中区解放碑一带地上地下构筑物较多,从北向南地上构筑物有小天鹅洪崖洞、南国丽景、西南证券、万吉广场、金禾丽都等大楼,地下有轨道6号线,与1号线在小什字交叉,因此,沿线可选路线走廊范围摆动较小。两桥均采用双层形式,下层通行轨道交通,上层通行公共交通系统,采用双向四车道。

为更好地结合重庆市城市总体规划,满足修建大桥的基本条件,结合轨道交通站点设置,对两岸路网的衔接进行了重点研究。其中,渝中半岛接线方案是该项目路线方案中的难点和重点,结合轨道6号线穿越渝中半岛的平面走廊,渝中区段城市道路交通与长滨路、陕西路、打铜街、民族路和沧白路衔接。该段线路经过的区域范围内建筑物密集、商铺众多,两旁为大型建筑且多为高层建筑,用地情况极为紧张。且该区域路网的整体标准较低,现状道路路幅宽度较窄,路段通行能力低,目前道路交通流量已近饱和。著名文物古迹湖广会馆、著名民俗村洪崖洞、南国丽景(新建高层商住楼)、西南证券大厦(高层商住楼)、邮政局、建设银行等建筑物,对该段城市道路的制约较大;长滨路、朝千隧道南引道、陕西路、打铜街、民族路两侧的高层建筑及道路自身的平、纵线形,对该段线路也具有较大的制约因素。

(1)渝中隧道接线。

两江桥上层道路中间部分采用下穿车行隧道对接,隧道为双向四车道,南接东水门大桥引桥,向西下穿陕西路、市轮船公司、道门口农贸市场、轨道交通1号线小什字车站,拐向北下穿筷子街、市消防一支队、民族路、中医院、嘉陵江索道楼、沧白路,而后与千厮门大桥连接。千厮门大桥上层道路两侧匝道与沧白路相接。轨道6号线采用下穿方式对接通过渝中区,南接东水门大桥引桥,向西北下穿陕西路,沿打铜街、小什字车站、民族路、中医院、嘉陵江索道楼、沧白路,而后与千厮门大桥下层轨道连接。

(2)沧白路接线。

在方案设计和初步设计阶段,针对沧白路接线方案做了多个方案进行同深度比较,最终采用的方案为:下桥方向匝道采用下穿沧白路,绕避洪崖洞的方式。

为避免主桥存在偏压的技术难题,上桥匝道在西南证券前设置下穿道。该方案平纵指标较低,下桥方向采用小半径进洞,上桥匝道纵坡达7%,存在一定安全隐患。在设计中,尽量考虑车辆加减速的需要对主桥桥面在有限范围内适当加宽,为消除潜在的安全隐患,保证行车的安全,还增加了一些预防性的处理措施,如设交通诱导标志分道行驶、设减速带、加强下穿道照明、加宽下穿道、改善行车视距条件等。

2)纵面

上新街站位于东水门长江大桥东引桥下,为地下车站。车站采用2‰的坡度,站台中心高程为220.90m。6号线上新街站与环线上新街站形成十字换乘。轨道线路跨越长江设于东水门长江大桥下层,轨顶高程为221.6m,其与上层路面高差为10m。轨道线路在东水门长江大桥主桥段为平坡。

进入东水门长江大桥西引桥后,轨道线路以22‰的下坡下穿打铜街(上层道路1.2%纵坡接沧白路),随后在打铜街与新华路交叉口处设小什字站。6号线小什字站与1号线小什字站为T形换乘,1号线在上,6号线在下。车站范围纵坡为2‰。1号线小什字站高程为222.639m,6号线为214.351m,两线轨顶高差为8.288m。线路K13+570~K13+770段,沿打铜街道路中心线设于地下,轨道与地面道路之间设有车行地道,轨顶距车行地道路面在10m以上。轨顶与地面道路高差在20m以上,道路周边为繁华的商业区和居民区。

渝中半岛道路、轨道竖向关系如图3.2所示。

图3.2 渝中半岛道路、轨道竖向关系图

线路从小什字站K13+615开始至K13+900段,纵坡为2‰。K13+900~K14+337段线路轨顶高程距离地面道路15m以上,与车行地道路面高差在10m以上。线路以22‰纵坡从洪崖洞与南国丽景之间穿出,平坡通过千厮门嘉陵江大桥,直接接大剧院站高程223.10m。大剧院车站范围为平坡。

3.6.3 两江大桥复合交通下桥隧一体化路线方案的特点

在公轨复合交通下,两江大桥路线方案的特点有:

(1)线路走向符合城市总体规划以及重庆"组团式,多中心"的城市布局特点,有利于沿线的城区建设和改造,沿城市主客流方向布线。按照轨道交通路网规划,结合城市道路网分布和公交状况,合理选线和设站,最大限度地吸引客流,发挥轨道交通在城市公共交通中的骨干作用,以利于提高城市公共交通体系的运营服务水平。

(2)线路平面顺直,采用了较大的曲线半径。合理地选择了线路敷设形式,以减少对城市景观、既有交通设施的干扰。

(3)轨道沿线减少对主要的建构筑物及文物的影响,保证合理的安全距离,线路布置有利于换乘站的站位布置和跨江桥的桥位布置。

(4)与城市改造和城区建设相结合,统一考虑综合配套工程,方便乘客换乘,体现"以人为本"的宗旨,提高城市公共交通体系的运营服务水平,重视环境影响,提升现代化城市景观。

(5)适应于地形条件,并充分考虑现有路网特点和轨道交通的特性,形成了桥隧一体化设计建造方案。

3.7 公轨复合交通下桥隧一体化桥梁方案

3.7.1 公轨合建桥梁的技术特点

公路与轨道交通合建必须兼顾两者的技术要求。城市轻轨列车较之大铁路和高速铁路具有荷载小、速度低的特点,从列车行车安全角度,对桥梁刚度要求可以有较大放松。现行国内外铁路规范对于大跨桥梁以及公铁合建桥梁的相关规定很不完善,几乎是空白。因此,需要经济合理地确定桥梁刚度指标,以满足列车行车安全性与舒适性要求。

上海长江大桥、上海长江隧道统称"上海长江隧桥",又称崇明越江通道、沪崇通道工程,是目前世界上规模最大的隧桥结合工程,其中上海长江大桥也是我国最大的公路与轨道交通合建的跨江桥梁。

1)荷载标准

大桥为公路与轨道交通合建桥梁,路幅由六车道高速公路与双线城市轻轨组成,轻轨列车与汽车同平面布置,轨道交通铺轨前其位置作为公路紧急停车带。大桥按双向六车道公路与 2 线轨道交通标准设计,汽车荷载为公路—Ⅰ级,列车荷载按 10 辆编组、每辆车满载 48t、长 16.5m 考虑;设计行车速度为汽车 100km/h、轻轨列车 90km/h。

2)桥型布置

主航道桥斜拉桥跨径布置为 92m + 258m + 730m + 258m + 92m = 1 430m,

如图 3.3 所示。桥塔桥面以上为独柱形式、桥面以下为"人"字形分叉结构。加劲梁为分离式钢箱梁结构，斜拉索采用空间扇形双索面布置、平行钢丝索体系，梁上标准索距 15m。主墩采用高桩承台钻孔灌注桩基础。

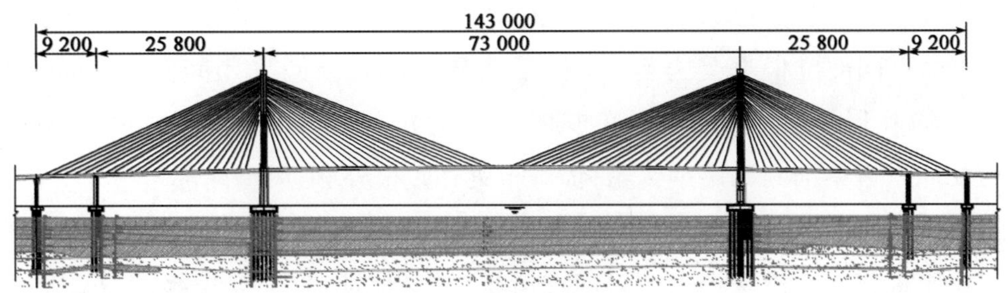

图 3.3　上海长江大桥主航道桥跨径布置（尺寸单位：cm）

3）刚度标准

主航道主跨 730m 斜拉桥是目前跨径最大公轨合建斜拉桥，桥面也是最宽的；连续组合箱梁桥具有墩高、联长、跨径大的显著特点，尤其是轨道线布置在箱梁悬臂板上还没有先例。设计通过车桥动力分析确定合理的刚度指标，满足列车行车安全性与舒适性的要求。

该桥公路与轻轨同平面合建桥面较宽，即使按照铁路桥梁 1/25 ~ 1/20 的宽跨比或 1/4 000 的挠跨比，横向刚度也容易满足要求，但竖向刚度与梁端转角等指标有可能成为控制因素。关于大跨径桥梁，各国铁路规范均无明确的刚度标准，从国内外运营的公铁两用桥的挠跨比看，斜拉桥在 1/550 ~ 1/350 之间。这些桥梁的竖向刚度远小于中小跨径铁路桥规范的规定，但运营情况均很好。因此，根据国内外实际经验，主航道斜拉桥挠跨比采用1/500 的控制标准；组合箱梁桥则参照我国地铁规范对中小跨梁式桥的规定采用 1/1 500 的控制标准。

不同的铁路桥梁规范与列车标准，对梁端转角做出了不同的要求，参照铁路规范梁端折角采用 5‰的限值，完全可以满足城市轻轨列车要求。

4）钢箱梁构造

主桥采用分离式钢箱梁梁高 4m、全宽 51.5m，双箱间距为 10m，采用箱形横梁连接，标准节段长15m，梁上索距与横梁间距也为15m。全桥共分为99个节段，标准节段质量约340t。钢箱梁横隔板间距为3.75m，采用整体式板；顶板板厚16mm，纵向采用间距600mm、厚8mm的U形加劲；外腹板设有8°内倾角以方便斜拉索锚固设置，板厚40～60mm；标准节段水平底板板厚12mm，不同部位根据受力需要变厚，最厚28mm，纵向采用间距800mm、厚6mm的U形加劲；内、外侧斜底板厚度分别为14mm、12mm，加劲肋与水平底板相同。索梁锚固采用钢锚箱，锚于箱梁外腹板外侧、风嘴内部。

纵横梁腹板交叉处选用纵向腹板连续、横向腹板断开的连接方式，将和横梁腹板相连的内腹板和内斜底板适当加厚，保证纵、横梁连接部位有足够刚度以防屈曲。另外，横梁上翼缘加劲适当延伸到两侧纵梁内，使其压应力匀顺传递、防止局部屈曲；横梁腹板与受拉下翼缘的加劲，在与纵梁相交处根据受力情况逐渐断开或磨光顶紧，使其应力平顺过渡，避免对纵梁产生不利影响。

对应列车轨道位置设有倒T形加劲，加劲的腹板与底板尺寸分别为500mm×10mm和200mm×10mm。其目的是增加桥面刚度，提高结构局部抗疲劳性能与行车安全性。

顶板U形肋在横隔板上细部开孔构造参照欧3规范《钢结构设计规范》(Design of steel structures)，取消U形肋和顶板连接处的过焊孔，以增加顶板的抗疲劳性能。横隔板采用整体式板，不采用分板搭接主要是为了提高上部桥面局部抗疲劳性能。

5）主梁制作与安装

分离钢箱梁和整体钢箱梁相比，制造与箱体尺寸控制无特殊困难，但安装则不同，整体钢箱梁两道腹板对齐后，中间上下翼缘板容易调节，而分离钢箱梁有4道腹板，横向线形误差过大将导致拼接困难，必须严格控制。

钢箱梁宽达50m以上，安装后全桥横向变形并不一致，特别是辅助墩塔下等约束条件突变处，将有较大的差异。为此，需要仔细分析给出预调量，避免造成路面层调节困难或影响路面质量。

钢箱梁节段吊装时,若吊机所在节段与起吊节段匹配面的变形差异过大,将影响拼装质量,甚至引起拼接困难。因此,需要事先进行分析评估,并对吊机、吊点位置等进行综合考虑确定。

该桥在安装过程中设有临时墩,若在伸臂架设时简单将梁与临时墩锚固,因难以准确模拟计算,将影响安装控制的准确性。因此,该桥要求在大风或吊梁期间保持必要的约束条件,在进行索力、线形等测量时的标准工况下,两者解除联系。

6)抗风抗震

该桥通过数值分析和风洞试验深入研究了抗风稳定性,大桥具有良好的颤振稳定性能。

尽管设计基本风速 $v_{10}=39.6\text{m/s}$,裸塔状态、主梁施工状态以及成桥状态均具有足够的抗风安全性。涡振试验表明:桥塔自立状态下,不会出现严重的涡激共振;主梁安装施工各控制状态下,均发生振幅小于规范值的涡激振动;在成桥状态下,阻尼比 5‰时涡激振动振幅小于规范值,阻尼比 3‰时将可能发生较大的扭转和竖弯涡激共振,虽然不会危及结构安全,但振幅较大将影响行车安全性与舒适性。鉴于振幅超标的发生条件为 3‰阻尼比,结构实际阻尼比可能更接近 5‰的规范值,仅预留增设导流板条件。

该桥对结构抗震性能进行了研究,采用 100 年 10%(*P*1 概率)和 100 年 3% 概率(*P*2 概率)两阶段设防水准。在 *P*1 概率下,要求主塔和主梁以及桩基保持弹性,辅助墩与边墩基本保持弹性,支座保持正常工作;在 *P*2 概率下,要求主塔基本保持弹性,梁及桩基保持弹性,辅助墩与边墩具有足够的延性以满足变形要求,保证不倒塌,支座允许剪坏。研究表明:主墩与辅助墩、边墩桩基础地震力的控制设计,常规支座不满足抗震性能目标,需选用抗震支座。此外,鉴于该桥的梁塔结构的特殊性,发现主塔分叉处截面抗剪受地震作用控制,分离钢箱梁的近塔处钢横梁也由地震作用控制。

7)索梁锚固节点

作为公轨合建桥梁,斜拉桥的索力幅远高于公路桥。因此,采用足尺模型试验和理论分析相结合的方法，研究了索梁锚固区的疲劳性能。针对我国公路桥梁和轨道交通桥梁对疲劳设计荷载和锚箱的构造细节均无明确规定，参考国外AASHTO、BS5400、EURO CODE规范相关规定，进行疲劳试验荷载分析研究，根据Miner累积损伤法则，将运营阶段高周、低应力幅换算为疲劳试验低周、高值应力幅。分析研究表明：公路荷载的疲劳效应不应采用静力计算中的活载应力幅，该应力幅不仅很少发生，而且所产生的疲劳累积损伤也十分有限；索梁锚固区的疲劳试验荷载中，轻轨产生的作用占总量的绝大部分。试验结果表明：在1.7倍设计荷载幅作用200万次以及随后2.1倍设计荷载幅再作用100万次后，钢锚箱关键细节部位均未发现异常，疲劳性能满足要求。

3.7.2 两江大桥复合交通下桥隧一体化桥梁方案

两江大桥所处位置环境复杂，集中了重庆作为山地城市、山水城市的显著特点，也制约了工程方案的建设条件。两江大桥工程的综合环境影响将在下一章阐述。本节重点研究两江大桥桥梁方案选择的基本控制因素及其与复合交通桥隧一体化之间的关系。

1）桥梁方案基本控制因素

（1）主跨跨径。

《重庆东水门长江大桥通航净空尺度和技术要求论证研究报告》中确定的东水门长江大桥的通航净空标准为：320m×18m。长江东水门大桥桥址处靠南区域有碛坝，通航论证报告中认为水流横流速度较大，宜一跨过河或通航水域不设墩，因此，东水门长江大桥的主跨将不小于440m。

《重庆千厮门嘉陵江大桥通航净空尺度和技术要求论证研究报告》中推荐的千厮门嘉陵江大桥的净空标准为：单孔单向通航127m×18m，单孔双向通航242m×10m。千厮门嘉陵江大桥桥址区域有金沙碛锚地，水面宽度620m。通航论证报告中提出桥跨布置需满足多孔通航，枯水期需一跨跨越主航道，洪水期满足单孔双向通航要求，通航净宽宜在230m，洪水期考虑两个通航孔，并且北岸一跨应考虑锚地船只安全，也应保持合适的跨径，如果考虑一跨跨过，跨径需要500m左右。

(2)轨道限界。

轨道的建筑限界和建筑结构最小内轮廓线是控制轨道建筑结构断面净空大小的主要依据。确定高架和地下轨道结构的横断面尺寸时，需满足包括车辆限界和建筑限界在内的各种限界。6号线直线双线线间距无分隔墙时，采用4.2m；有分隔墙时，采用4.6m。

2)桥型方案的初选

由于两江大桥的两座桥梁距离很近，平面几乎对称于渝中区布置，在两江交汇口和南山风景区可以很清晰地看到两座桥的全貌，因此，除需要考虑结构自身和局部环境的统一之外，仍需考虑两座桥结构形式之间的整体协调性。跨径能同时满足上述两座桥梁要求，经济合理的桥型有拱桥、斜拉桥、地锚式悬索桥以及自锚式悬索桥或其他组合结构体系。

(1)悬索桥。

悬索桥的建造历史悠久，根据锚固方式的不同，有靠两端桥头设置锚碇的方式进行锚固的地锚式悬索桥，其运用相当广泛；随着现代桥梁结构的发展，出现了靠主梁自身锚固悬索的自锚式悬索桥，其具有美观的造型、较大的跨越能力、较为广泛的适用范围，已经开始被推广运用于城市桥梁建设中。

自锚式悬索桥将主缆直接锚固在主梁端部，靠主梁承受主缆的水平分力，省去体量庞大的锚碇系统，适合在基础条件较差的地区修建。目前，世界上最大跨径的自锚式悬索桥是旧金山奥克兰海湾大桥，主跨385m。由于主梁需承受主缆的巨大水平分力，因此，端横梁的截面构造尺寸一般很大，两江桥由于交通功能的需要，需将轨道交通和城市道路交通置于不同的高程上过江；为使下层轨道交通拥有良好的视野，并使主梁自身具有良好的通透性，主梁结构采用桁架形式，桁架结构难以承受主缆的巨大水平分力，因此，东水门大桥和千厮门大桥方案不宜采用自锚式悬索桥的结构形式。

东水门大桥和千厮门大桥桥位处基岩力学性能好，满足修建地锚式悬索桥的条件。

(2)斜拉桥。

斜拉桥的历史比较短暂。随着桥梁结构的理论、材料、制造、锚固方式、生产工艺、有限元分析、模型试验、计算手段等的长足发展,从20世纪60年代开始,斜拉桥这一现代化的桥式因其造型美观、跨越能力大、适用范围广,开始被广泛地推广运用。

20世纪90年代以来,斜拉桥技术得到飞速地发展,现在已建成的和在建的斜拉桥,跨径从几十米到1 000m以上,主梁、主塔和斜拉索的造型也是丰富多彩,斜拉桥已成为现代桥梁的主流桥式。重庆市已建成的和在建的大桥中,也有多座大桥采用了斜拉桥式,如大佛寺长江大桥为一双塔双索面斜拉桥,乌江二桥为一高低塔单索面斜拉桥。斜拉桥因其经济跨径的范围较大,且可以通过桥塔的布置来适应景观、跨径、桥面宽度等要求,达到经济和景观的和谐统一,也是一种极有竞争力的桥型。

斜拉桥又可以分为常规斜拉桥、部分斜拉桥和矮塔斜拉桥。正在修建的嘉陵江嘉悦大桥就是一座主跨250m的矮塔斜拉桥,造型也非常美观,但矮塔斜拉桥跨径受限,不能适应两江大桥的跨径要求,因此,宜选择常规塔高的斜拉结构进行方案研究。

(3)拱桥。

拱桥是一种常见的桥式,通常分为上承式、中承式和下承式。从景观角度考虑,拱桥较梁式桥更有特点,立面线形富于变化,有韵律感。

从受力角度考虑,拱桥的水平推力大,适合于建造在较好的地基上,对地基承载力要求高。

从景观角度考虑,在达到与桥位周边景观协调一致的基础上,拱和梁均可以选择样式多变的造型,可以与环境较好的交融在一起。

由于在该工程桥位上下游很近的地方有菜园坝长江大桥和朝天门长江大桥,这两座大桥一个至柔,一个至刚,把拱桥结构的柔美和雄伟表现得淋漓尽致。而且在很短的距离内修建相同形式的桥梁结构,形式的单一也和重庆

"桥都"的美誉不相匹配。因此,对于东水门长江大桥和千厮门嘉陵江大桥的结构形式,不宜采用拱桥方案。

根据桥型方案的初选结果,悬索桥和斜拉桥均为两江大桥最有价值和竞争力的桥型。为此,在方案阶段,根据航道要求和河床断面布置,综合技术标准、桥头接线、建筑景观、经济合理等各种因素,推出了两种极具创新性的方案设计。

3)创新性悬索桥方案及其体现的一体化思想

东水门大桥——单塔双索面悬索桥主跨布置:240m + 496m + 112m + 96m = 944m。千厮门大桥——单塔双索面悬索桥主跨布置:208m + 496m + 48m = 752m。

两座桥横向布置均为:3.5m(人行道 + 吊杆区) + 7.25m(车行道) + 0.5m(中分带) + 7.25m(车行道) + 3.5m(人行道 + 吊杆区) = 22.0m。

两江大桥悬索桥方案总体效果如图3.4所示。

图3.4 两江大桥悬索桥方案总体效果图

根据交通功能的要求,两江大桥均采用公轨合建的形式。为了适应渝中半岛桥位处复杂的地形和有限的位置,只能采用双层桥面的结构形式。钢桁梁受力合理、材料经济,下层轨道交通的视野通透性好,是主梁结构最合适的选择。主桁架可优先采用三角桁架或N形桁架。横断面布置如图3.5所示。

东水门大桥与千厮门大桥桥塔均考虑采用门字形,分别位于南岸侧与江北侧,两桥桥塔高度在桥面以上均为100m,横向宽度34m,纵向宽度10m,在桥塔内侧做细节处理。悬索桥桥塔如图3.6所示。

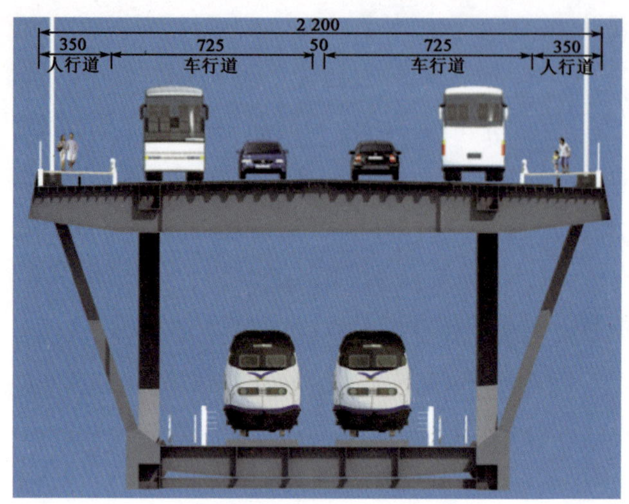

图 3.5　横断面布置(尺寸单位:cm)

图 3.6　悬索桥桥塔

为了解决地锚式悬索桥锚碇的问题,提出了一个独特的构思。连接两座大桥的轨道交通隧道沿渝中区几条主要街道下方布置,隧道长约 600m,中间有一个车站,用一对和主缆相当的拉索(隧道索)沿着轻轨隧道下方,将两座大桥的主缆连接起来。隧道索与大桥主缆通过隧道两端设置的转换块实现转换,隧道索张拉力要比主缆的设计最大索力稍高一些。当主缆实际索力小于设计最大索力时,隧道索会对转换块产生一个朝向基岩方向的压力,使渝中半岛上的基岩在任何荷载作用下都不会产生拉力。该压力对基岩是有利的。隧道索通过独立的洞室放置于轻轨隧道断面的底部,既不会对轨道行车产生影响,又可与隧道断面同时施工,操作简便且造价节约。

悬索桥主缆对拉示意如图 3.7 所示。

图 3.7　悬索桥主缆对拉示意图

两江大桥的悬索桥方案体现出来的创新性与一体化思想，主要有以下几个方面：

(1)充分体现了对重庆历史文化的传承。

因为城市的起源与发展，桥位区贯穿重庆城早期的主轴线，服役近30年的重庆两江索道(图3.8)与两江大桥桥位基本吻合，而早在民国时期就曾经规划在两江桥址处修建大桥以打通重庆南北向城市主通道，足以证明，这条交通大通道在历史上的重要性。随着城市近几十年的不断扩张和发展，主城区规模早已远远超越当年，城市主轴线已经发生了变化，但桥位区仍属发育最成熟的城市核心地带和最具发展潜力的城市中央商务区。悬索桥的方案，以索为线，将古老的两江索道化为跨越两江的现代化索桥，见证了城市历史的变迁，延续了两江三地四岸的发展。

图3.8　重庆两江索道

另外，重庆自古以来作为重要的水上运输口岸，其文化底蕴源于码头，湖广会馆、洪崖洞均是对码头文化的继承。码头文化离不开城门，古重庆城有城门17道，“九开八闭”，而如今由于年久失修，战争破坏，很多城门已经不复存在。悬索桥桥塔方案的造型采用“门”形构造，蕴含着对重庆古城门的追忆。而江北与南岸又属于重庆的新兴城市，采用现代简约的“门”形桥塔，既是对重庆传统历史文化的传承，又蕴含着新重庆敞开大门，迎接挑战，走向未来的寓意。

(2)巧妙利用公轨合建，向世界展示了桥隧一体的完美构思。

悬索桥方案充分利用轨道交通6号线渝中半岛的下穿隧道，将两座桥通过沿隧道布置的主缆对拉索连接在一起，省去了庞大的锚碇构造，使得地锚式悬索桥在地下空间使用状况复杂、寸土寸金的渝中半岛的实施成为可能。

这种没有锚碇的结构体系构思非常巧妙，省去大体积的人工锚碇，将渝中半岛变成一个巨大的天然“锚碇”，借助于轨道交通6号线的地下通道，实现东水门大桥、轨道6号线隧道、千厮门大桥三位一体的绝妙构思。

悬索桥方案实际上已经超越“姐妹桥”的理念范围，东水门与千厮门不仅在桥梁造型上形同一个整体，而且通过一条穿越渝中区的地下隧道索，将两座大桥的主缆连接在一起，使其在结构上真正连接成为一个整体。这样的结构形式产生于对地理条件的高度认识与理解，也许它在世界范围内很难有相同的地理条件予以复制，但桥梁造型设计思想对山地城市桥梁的设计与建造具有非常典型的示范意义：大跨径悬索桥虽然能有效减少江上的构筑物，但是其主缆锚碇构造需要很大的体积，这在南岸和江北空旷的地理条件下可以实现，但在高楼林立的渝中半岛却很难实现。两江“姐妹桥”采用独塔结构，在江边侧设置主塔一跨过江，并通过一条穿越渝中半岛的隧道索将两座大桥的主缆连接在一起，有效解决了地锚式悬索桥在渝中半岛庞大锚碇空间的需求难题，避免了开挖设置大型锚碇对渝中半岛高层建筑物的影响，使之成为两江交汇口融功能、景观和创新为一体的最合理的结构形式。

(3)分离的两江四岸被桥梁融为和谐的整体。

两江四岸和渝中半岛的景色若要融合为一个整体，两座桥应该拥有相似的造型，且应有柔和的线条而不是刚硬的轮廓。如采用两种不同的桥梁形式，桥梁本身就会很容易成为隔断两岸景色的阻断线。刚毅的主塔与渝中区高耸的建筑相映生辉，柔和的缆索仿佛两江优美的曲线。两座造型相似的悬索桥对称地布置于渝中半岛两侧，仿佛两个飞天的彩带，共同拥抱着渝中半岛，将两江四岸融合成一个和谐的整体。悬索桥方案与渝中半岛建筑的轮廓如图3.9所示。

图3.9 悬索桥方案与渝中半岛建筑的轮廓

(4)保持两江四岸城市景观原貌。

"姐妹桥"桥塔位于两江远离渝中区的两侧，不对渝中半岛高楼林立的景观造成冲突和影响，也能凸现桥塔本身简约、大气的风格。同时，控制桥塔高度在一个合理的范围，使之与规划中的两岸建筑、江北嘴及南山景观有机地融合在一起。

(5)最大限度地控制对长江、嘉陵江航道航运的影响。

朝天门码头过往船只很多，三峡工程的投入使用进一步提升了长江和嘉陵江航道的通航能力。悬索桥结构形式具有很大跨越能力，在江面上除主塔外不再设桥墩，完全满足长江和嘉陵江的最大通航要求，对两江航道影响最小，同时，还预留了通航条件进一步提升的空间。不用拆迁码头，可节省资源及费用。

(6)门形桥塔与总体方案之间的相互提升作用。

东水门大桥与千厮门大桥桥塔均为门字形，分别位于南岸侧与江北侧，避免了视觉上与渝中半岛高层建筑的冲突。缆索结构桥梁给人的感觉是柔美，所以主塔结构要有刚性才能显出桥梁的气势。但刚性并不等同于结构尺寸大，门形桥塔配合截面角度变化的整体造型凸显出力度的概念，也更能勾勒出两座大桥的优美曲线。刚柔并济的结构形式给人美观、舒适且非常大气的视觉享受，和洪崖洞、大剧院这两种风格迥异的建筑都能较好地匹配，做到不同视角建筑景观的统一。长江和嘉陵江水位在枯水期、常水位和洪水期的时候,水位高差相差很大,桥塔结构在梁底部不设横梁,使得在不同水位下桥塔都呈现出比例协调的优美形态。同时,江面除主塔外不另设桥墩,一跨过江,对通航与江岸码头不产生影响,也增加了桥梁的跨越感和美感。

(7)技术成熟与施工便捷。

悬索桥结构形式具有悠久的历史,技术已经非常成熟。目前,世界上跨径最大的桥梁均为悬索桥,如日本明石海峡大桥,主跨1 991m;丹麦大贝尔特桥,主跨1 624m;英国亨伯尔桥,主跨1 410m 等。单塔双跨的悬索桥主跨看起来似乎很大,但其受力特性基本等同于双倍跨径的双塔三跨悬索桥,比如主跨500m 的单塔双跨悬索桥和主跨1 000m 的双塔三跨悬索桥的结构受力基本类似,且其受力比1 000m 的双塔三跨悬索桥更为有利。国内已建成的逾千米的悬索桥已有很多,如主跨1 490m 的润扬长江公路大桥、主跨1 385m的江阴长江公路大桥、主跨1 377m 的青马大桥等。

此外,悬索桥方案充分考虑了施工便捷、快速高效的原则,根据不同的地形条件采用了多种施工工艺:主桁架设在两岸(或下游重庆船厂)采用杆件散拼;而在河中采用船运节段整体吊装的方法,该方法提高了安装精度,也加快了施工进度。

4)创新性斜拉桥方案及其体现的一体化思想

东水门大桥——双塔单索面部分斜拉桥主跨布置:222.5m+445m+190.5m=858m,如图3.10 所示。千厮门大桥——单塔单索面部分斜拉桥主跨布置:88m+312m+240+80m=720m,如图3.11 所示。

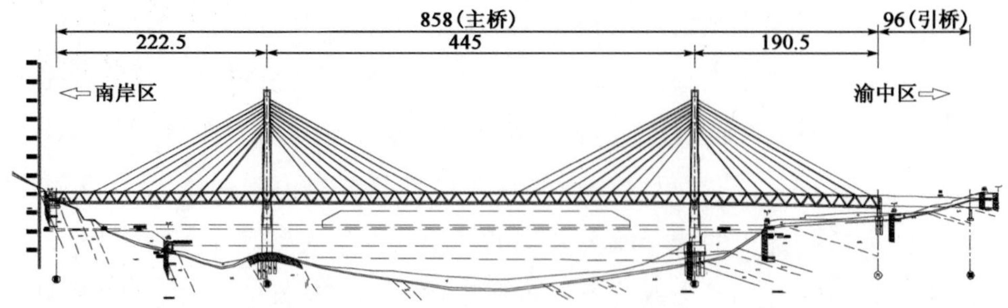

图3.10 东水门大桥桥跨布置(尺寸单位:m)

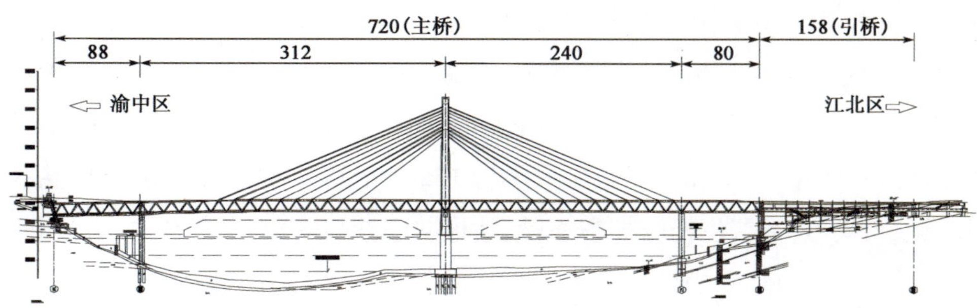

图 3.11　千厮门大桥桥跨布置(尺寸单位:m)

两座桥横向布置均为:3m(人行道)+8m(机动车道)+2m(中分带及拉索区)+8m(机动车道)+3m(人行道)=24m。横断面布置如图 3.12 所示。

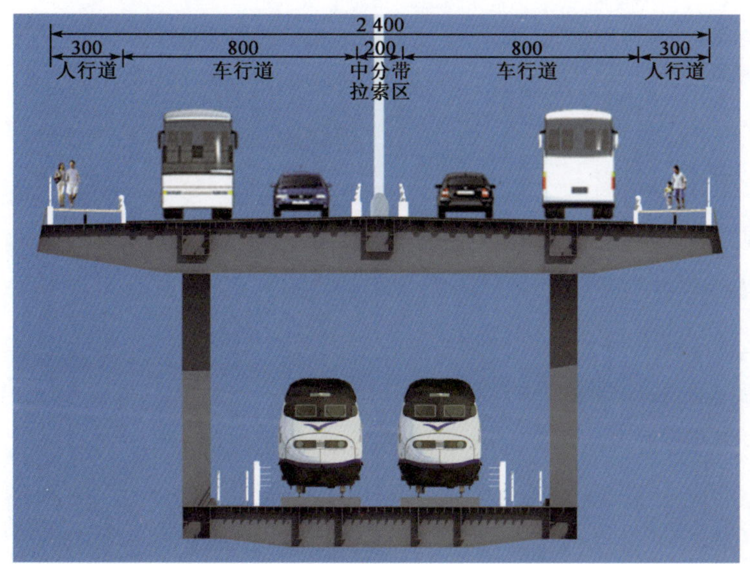

图 3.12　横断面布置(尺寸单位:cm)

东水门桥两个塔高分别为 172.6m 和 162.5m,其中桥面以上 109m,桥面以下分别为 63.6m 和 53.5m;为保证东水门桥与千厮门桥的塔顶位于同一水平线上,千厮门桥塔高为 182.0m,其中桥面以上 109m,桥面以下 73m。两座桥塔底横向宽均为 18m,桥面处横向最宽为 35m,塔顶横向宽 7.0m;主塔纵向宽度从塔底到桥面处为 11m,到塔顶变为 7.5m,按直线变化。采用箱形结构形式，考虑景观效果，主塔外观采用天梭形。

主梁采用双层钢桁梁，桁高13m，顶宽24m，底宽16.2m。桁式为三角形桁架，主桁中心间距宽15m，上下弦杆中心间距为11.74m，节间长度除了千厮门桥在边跨处为14m以外，其余均为16m。上层主桁弦杆与正交异性板共同参与受力，下层主桁弦杆与横梁、肋板共同参与受力，主桁杆件均采用箱形截面。主桁节点采用栓接形式。

斜拉索采用扇形布置，东水门桥的每座塔设9对斜拉索，千厮门桥设11对斜拉索，拉索在主梁上间距为16m，在主塔上的间距为4m。斜拉索采用Φ_s15.2钢绞线，钢丝强度f_{pd} = 1 860 MPa，外侧采用双层PE护套。

两江大桥的部分斜拉桥方案体现出来的创新性与一体化思想，主要有以下几个方面：

(1)利用公轨合建的特点形成单索面稀索部分斜拉桥。

两江交汇处的视角广阔、怡人景色尽收眼底，所以新建大桥应尽可能减少对周边景色的遮挡。

常规双索面斜拉桥具有以下不足：

①拉索密集，在江面上易形成一扇庞大的索面，对视线的阻挡非常明显，影响通透感。

②在绝大多数视角下，双索面都会呈现相互交错的状态，把江上景观分割成许多零散的碎片，破坏了桥位处现有景色的连续性。

交通功能对两江大桥的定位是公轨两用桥梁，公轨合建桥梁增加了桥梁本身的复杂性，但两江大桥的设计紧紧抓住了这一特点，充分挖掘公轨合建对桥梁有利的一面，形成了创新性的桥型方案。

公轨合建为单索面稀索部分斜拉桥方案提供了良好的前提条件：由于双层交通线路的要求，标准段主桁高度需要12m，该高度使得主梁具备很大的竖向抗弯刚度，两座桥的高跨比分别为1∶37和1∶29，即主梁自身具有较大的刚度；轨道交通线路的技术标准决定了底层桁架横向有13m之宽，因此，主梁桁架结构就具备了很好的抗扭性能。主桁横断面图如图3.13所示。

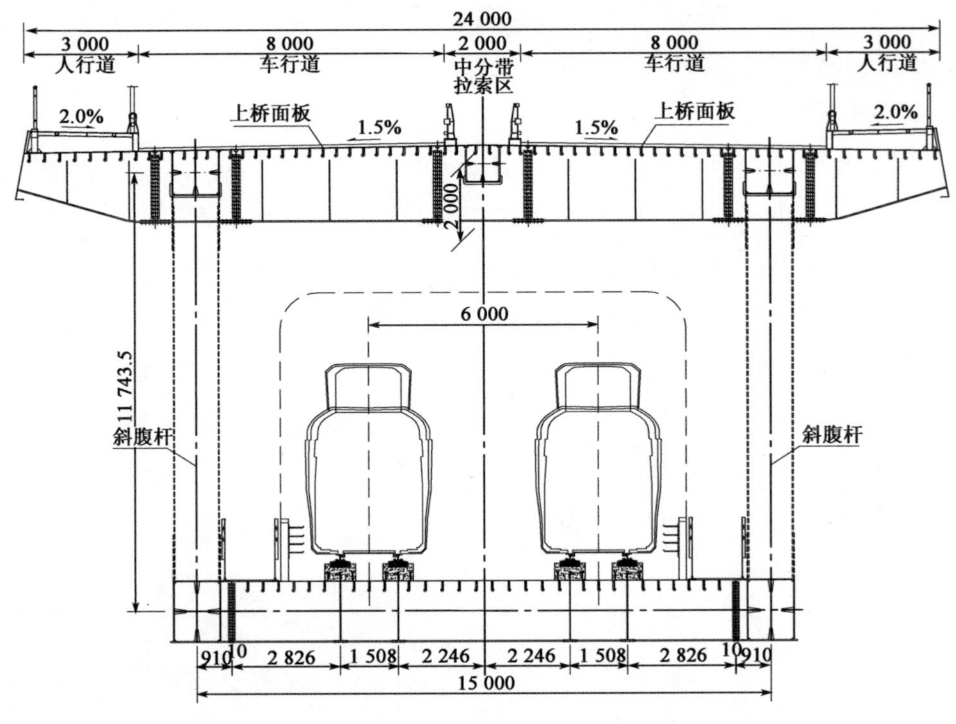

图 3.13 主桁横断面图(尺寸单位:mm)

设计充分利用主梁自身的刚度,减少斜拉索数量,形成了单索面稀索部分斜拉桥,增强了江面景观通透性,避免了双索面视角交叉对景色的分割,具有很好的景观协调性;同时,主梁材料的充分使用也降低了工程造价。方案集安全、适用、经济、美观于一身。

桁梁结构主梁也使得轨道过江视角和观江视角都具有了良好的视觉通透性。

(2)结构体系独特创新,技术领先。

东水门大桥与千厮门大桥采用单索面稀索部分斜拉结构体系,充分利用线路交通所需的主梁高度,让主梁承担与传统斜拉桥相比更大比例的荷载,以此减少拉索数量,很好地解决了密索体系的屏障效应,主梁刚度的充分利用也让结构拥有很好的经济性能指标。合理的结构体系达到了功能、经济和景观的和谐统一。

(3)主跨跨径在同类桥型中居世界第一。

东水门大桥主跨445m，千厮门大桥主跨312m，分别位居双塔部分斜拉桥和单塔部分斜拉桥世界第一位。

(4)桥型布置两位一体，与现状景观有机融合。

东水门大桥和千厮门大桥在两江交汇口处分别从南岸区和江北嘴接入渝中半岛，在很多视角都可以同时看到这两座桥的景观。在这些地方，能看到南山风景—东水门大桥景观—渝中半岛繁华市容—千厮门大桥景观—江北嘴大剧院—科技馆等这样一个连续的流动风景线。两江大桥是连接这条风景线的纽带，两位一体的桥型设计给人带来风景连绵、有起伏韵律的视觉享受，让人感受到两江交汇处开阔的雄伟气势，令人心生豪迈，荡气回肠。

部分斜拉桥方案总体效果如图3.14所示。

图3.14 部分斜拉桥方案总体效果图

(5)天梭形桥塔造型新颖美观，别具匠心。

斜拉桥方案的索塔造型新颖，柔美的曲线勾勒出天梭状的主塔外轮廓造型，橄榄叶形的内部线条与外轮廓相得益彰，别致新颖，呈现出简约、秀美而又充满现代气息的艺术风格，与两江口灵秀风光完美匹配。

斜拉桥是一种跨越感很强的结构形式，整体给人一种阳刚之美的气势，柔美现代的桥塔造型和张力很强的主桁斜拉体系结合在一起，刚柔相济，既象征了山城大山一般坚毅不屈的性格，体现了江城长江一样包容万物的胸怀，也表达了重庆这座风景如画景色秀丽的城市的自然风貌。

塔高的选择，既保留了斜拉桥索塔自身挺拔、耸立的气势，又综合考虑了其与两岸现状及规划建筑高度的协调统一，使设计桥塔高度一方面不会因过于高耸突兀而和大剧院、洪崖洞等建筑景观不匹配，破坏景观画面的整体性；另一方面也不会因高度不够而失去结构自身应有的气势。

索塔部分的造型还充分考虑了两江水位在枯水期、常水位和洪水期有较大的水位变化，研究了不同水位对桥塔景观的影响，因此，桥塔处不设置横梁，确保任何水位时都能欣赏到一座美丽、比例协调的结构。

桥塔形式的设计选择充分体现了景观和谐、技术领先、以人为本的先进设计理念。东水门桥采用双塔结构，千厮门桥采用单塔形式，双塔与单塔既协调一致，又各具特色，既相映生辉，又独自成景。

(6)航道影响最小，并可持续发展。

东水门大桥主跨445m，一跨过江，仅在江中碛坝处设立主墩；千厮门大桥采用在江中设立主墩，两侧主跨为312m + 240m 的布跨形式。不仅满足了通航论证报告的通航要求，还为水运交通发展迅速的朝天门码头航运条件的改善和航道等级的提升，预留了可持续发展的空间。

(7)技术更加成熟，施工便捷。

公铁两用的双层斜拉桥结构体系在世界上已有多起成功的实例，如丹麦与瑞典之间的厄勒海峡大桥、日本的柜石岛桥与岩黑岛桥，均为公铁两用钢桁梁斜拉桥。在我国也有先例，如芜湖长江大桥和武汉天兴洲长江大桥，也都是公铁两用的双层桥梁结构。这些成功的工程实例说明，公铁两用的钢桁梁双层交通斜拉桥无论从设计还是从施工的角度，都已经成为一种成熟的桥型。而东水门大桥和千厮门大桥是公轨两用的桥梁结构，设计荷载比公铁两用的桥梁小很多，设计和施工比公铁两用的桥梁更容易实现。

此外，斜拉桥方案充分考虑了施工便捷、快速高效的原则，根据不同的地形条件采用了多种施工工艺：东水门桥主塔基础采用土围堰施工，千厮门桥主塔基础采用双壁钢围堰施工。而主梁施工也充分考虑了地形差异,因地制宜采用不同的施工方法,两座桥在主跨侧采用船运整体节段再悬臂拼装的方法,而边跨位于河岸以上的部分采用散拼杆件的方法施工,提高了安装精度,也加快了施工进度。

悬索桥和部分斜拉桥两种方案都是适应该桥位和工程特点的优秀方案,其概念设计理念的创新,已经达到了先进水平。相比之下,悬索桥方案尽管造型更加新颖、构思更加奇妙,但由于考虑到渝中半岛建筑密集、锚碇布置困难、总造价大、竖向刚度小、梁端转角较大、轨道交通运行条件较差等原因,最终两江大桥工程采用了技术更为可靠的斜拉桥方案。由于两种桥梁方案本身的创新水平都较高,都有其显著的优点与特点,在两者之间做出选择,需要进行更加深入的论证。虽然两江大桥最终采用了部分斜拉桥方案,但悬索桥方案所体现出来的巧妙、独特和大胆创新,在两江大桥总体方案的过程研究中具有极高的技术价值。对于选择斜拉桥而放弃悬索桥方案的原因,将在第4章中阐述。

3.7.3 两江大桥总体方案对公轨合建关键技术的响应

1)大跨径缆索支承桥梁的刚度标准

大跨径公轨合建缆索支承体系桥梁由于有较宽桥面,因此即使按照铁路桥梁1/25~1/20的宽跨比或1/4 000的横向挠跨比要求,也容易满足,关键是确定合适的竖向刚度与梁端转角等控制指标。各国铁路规范对大跨径桥梁均无明确的刚度标准,从国内外公铁两用桥挠跨比的情况看,斜拉桥在1/550~1/350之间,悬索桥在1/250~1/200之间,远小于中小跨径铁路桥的规范值,但运营情况均很好。因此,根据国内外经验,主航道斜拉桥或悬索桥挠跨比采用1/500控制,梁端转角参照铁路规范,采用5‰的限值,完全可以满足城市轻轨列车要求。

2)在活载作用下的挠度与转角

悬索桥和斜拉桥都属于缆索支承的柔性结构,而公轨两用桥梁对刚性的要求较大,因此,公轨两用的悬索桥和斜拉桥的设计往往由刚度控制。

恒载在全部荷载中的较大比例对悬索桥和斜拉桥都是有利的,在活载下保持较小的挠度,主要得力于其重力刚度。悬索桥方案、斜拉桥方案在列车荷载作用范围内每延米的双线轻轨荷载对恒载的比值为2.87t×2∶24.5t =1∶4.27和2.87t×2∶26.0t =1∶4.53。由此可见,两个方案均具有较大的重力刚度。

3)车桥动力响应与列车走行性研究

为了论证桥梁刚度的合理性及行车的安全性与舒适性,对该桥开展了车桥耦合振动分析研究。研究结果表明:行车速度在40~100km/h的情况下,车辆振动频率与主桥的竖弯自振频率相差较大,车辆-桥梁的动力耦合作用较弱,不会产生共振现象。车辆的动力响应主要受车速和轨道不平顺的影响,结构均能满足安全行车的要求与舒适性要求。该桥主梁有足够的宽度,横向刚度完全满足要求;轻轨车辆过桥有足够的抗脱轨安全度,舒适度指标达到较优标准。

3.8 公轨复合交通下桥隧一体化隧道方案

渝中连接隧道在最终选择上受到了很多条件的影响,其中既有公轨合建桥隧一体化的原因,也有道路路网、城市环境、高层建筑、地下空间、综合交通与换乘等诸多因素,集中体现了在山地城市高发育程度的核心都市圈,交通一体化建设大背景下,复杂环境对工程方案的综合影响力。

3.8.1 渝中连接隧道的设置有利于过境交通快速穿越渝中半岛

东水门长江大桥和千厮门嘉陵江大桥主要功能是轨道交通的过江载体,大桥采用公轨合建的形式,便利了渝中半岛核心区域汽车交通的跨江出行需求,打破了半岛核心区口袋交通的状况,增加了直接进出半岛核心区的对外联系通道。

在渝中的接线,如果采用城市道路平面接线方案,轨道6号线以隧道下穿方式对接通过渝中区,道路交通利用渝中半岛既有道路进行转换,虽然各种交通线位关系简单,但由于渝中半岛的交通路网不完善,通过双向四车道将外部交通引入到渝中半岛,大大增加了渝中半岛的交通压力,可能使渝中半岛的交通陷于瘫痪。

而采用城市道路下穿车行地道和平接相结合的方式,道路接线以渝中连接隧道下穿半岛方式对接两江大桥上层道路,通过桥头立交匝道与渝中区地面道路系统连接,轨道6号线仍采用下穿方式对接通过渝中区,将南北的过境交通经下穿车行地道方式进行疏解,不仅能缓解渝中半岛的交通压力,过境车辆也可不必在地面绕行而快速经过渝中半岛。因此,渝中连接隧道的设置是有利的。

3.8.2 公轨隧道平面并行方案的地下空间局促

渝中区连接道经过区域范围内建筑物密集,用地情况极为紧张。著名文物古迹湖广会馆、著名民俗村洪崖洞、南国丽景(新建高层商住楼)、西南证券大厦(高层商住楼)、邮政局、建设银行等建筑物对该段城市道路的制约较大,长滨路、朝千隧道南引道、陕西路、打铜街、民族路两侧的高层建筑及道路自身的平、纵线形对该段线路也具有较大的制约因素,同时还受与该项目并行的轨道6号线及与该项目垂直的轨道1号线的控制。

根据东水门大桥、千厮门大桥桥轴线及轨道6号线走向,渝中连接隧道的最佳线位应与轨道6号线并行。道路接线采用两车道下穿方式对接两江大桥上层道路桥,通过桥头立交匝道与渝中区地面道路系统连接。轨道6号线仍采用下穿方式对接通过渝中区,在小什字车站的竖向关系由上而下依次为:渝中区地面道路系统、两车道下穿隧道、轨道小什字车站1号线、轨道6号线,如图3.15所示。

这一方案平面线形好,最小半径为200m,但隧道内最大纵坡超标(6.32%)。此外,由于地下三层空间布置,受已经建设的轨道1号线小什字车站高程和6号线高程的影响,地下空间十分局促,并引起以下问题:

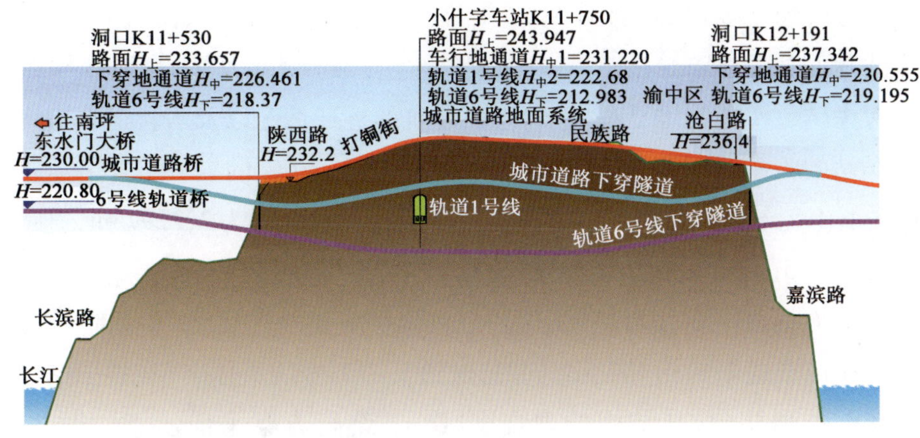

图3.15 公轨隧道并行纵断面示意图(单位:m)

(1)竖向高程位于轨道6号线隧道之上的城市道路下穿隧道埋深较浅,采用明挖对交通有较大影响,需采取合理的交通组织尽量减小影响。

(2)结构处理难度较大:需对1号线车站拱顶进行加固;部分路段与6号线隧道重叠,需考虑加固及相互影响,加固工程费用大。

(3)千厮门进出口段房屋较多,拆迁工程量较大。

(4)渝中连接隧道埋深较浅,由于高层建筑地下基础和轨道小什字车站的机电设施影响,只能按照双向两车道布置,不利于适应未来过境车流量增长的需要,可持续发展潜力较小。

3.8.3 连接隧道绕行方案缓解地下空间矛盾

基于公轨隧道平面并行方案的地下空间局促,在建筑密集的渝中半岛相应区域内寻找渝中连接隧道其他布线方式,形成偏离轨道隧道的绕行方案:起于渝中区陕西路(渝中隧道进洞口),自东向西设隧道穿越陕西路、市轮船公司、道门口农贸市场、轨道交通1号线小什字车站,拐向北下穿筷子街、市消防一支队、民族路、市中医院、嘉陵索道、沧白路于洪崖洞与南国丽景之间结束(渝中隧道出洞口),设千厮门嘉陵江大桥跨越嘉陵江。路线全长840m,最小平曲线半径101m。渝中隧道段纵断面设计的主要控制因素有:

轨道6号线净空要求、陕西路、轨道1号线小什字车站高程、民族路、沧白路及沿线地面高层建筑。

考虑隧道实施的难易程度、对地面建筑的拆迁情况以及与轨道1号线小什字车站的关系等因素，渝中隧道段采用-4%与+4%的纵坡组合下穿轨道1号线小什字车站。与轨道1号线交叉处轨道设计高程为222.973m，道路设计高程为215.575m，高差为7.398m。

绕行方案虽平面线形略差，但隧道内纵坡满足规范要求，中间暗挖段施工对渝中区交通影响相对较小，同时，隧道下穿1号线小什字车站段，仅对局部段落做加强共建，其结构处理难度减小。绕行方案平面示意如图3.16所示。

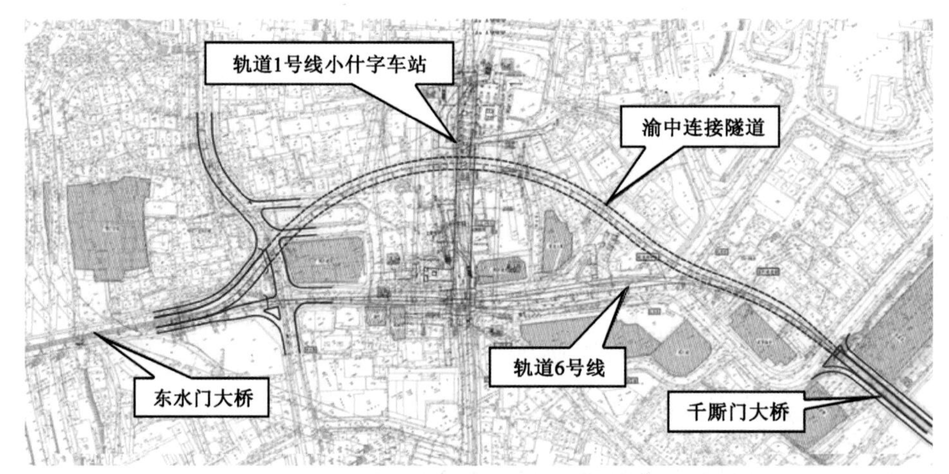

图3.16　绕行方案平面示意图

综合考虑平纵面线形、运营的安全性、对周边建筑的影响、对现有交通的影响、对轨道交通的影响、工程造价等因素，实施方案采用绕行方案是适宜的。

3.8.4　连接隧道绕行方案为四车道交通提供了条件

渝中连接隧道原为浅埋隧道，由于轨道小什字车站的机电设施影响，只能按照 2 车道布置。隧道绕行后,为四车道隧道提供了条件。

东水门大桥和千厮门大桥均采用双向四车道设计,若渝中连接隧道采用对向两车道,可能无法满足多年后交通增长的需求,由于今后隧道拓宽难度太大,将导致不可逆转的遗憾。另外,双车道隧道断面仅比单车道隧道断面增加 1.5m,增加工程量不大。经对绕行方案沿线主要相关结构物及房屋建筑的调查研究,就隧道本身而言,实施对向四车道是完全可行的。为此,连接隧道采用了全线贯通的四车道接线方案,大大提高了过境车辆的通行能力和水平。

4 综合环境影响下桥梁形式

山、水、城、桥是重庆特有的城市风貌,也是重庆桥梁存在的基本环境。重庆两江大桥总体方案的制约因素很多,包括基本功能上的需求、公轨合建的技术要求、路网因素、城市环境特征(历史、人文、建筑、景观、经济社会发展特点等)、地形地貌、地质条件、水文及通航、灾害预防、既有桥梁形式、施工建设条件等,本书统称为"综合环境影响"。其中,关于功能需求、公轨合建、路网特征等,在第3章中已进行论述,在本章中不再重复。

4.1 两江大桥所处的城市环境特征

桥梁建设是与城市发展同步的,桥是城市发展的见证者,城市也因桥的出现而愈加繁荣。以重庆为例,重庆山峦起伏,市区发源于长江与嘉陵江交汇处,是一座典型的山水城市。四面环山,江水回绕,很多城区隔江相望却难以往来,所以桥对于重庆人和重庆经济来说便具有了更为特殊的意义,重庆的地名也多与桥有关,观音桥、天星桥、上桥、新桥……重庆城的经济发展在很大程度上得益于桥梁建设,其中部分桥梁的通车,还开启了一个时代,是城市发展的一个重要里程碑。1980年,长江大桥通车,南岸跃升重庆第三区;1988年,石门大桥通车,江北区迈向重庆舞台;1999年,黄花园大桥通车,五黄大社区繁荣至今;2007年,嘉华大桥通车,化龙桥、鸿恩寺涅槃重生;2009年,朝天门大桥通车,成就世界的江北嘴……跨江大桥飞架南北,不仅让市民能够从两江彼岸随意往返,更让桥梁连通的区域成为新的经济增长点。

重庆两江大桥处在山地城市这个大环境下(图4.1),受到城市基本特征的影响，同时，它更是位于城市核心地带、中央商务区的核心地带以及最富重庆城市风貌的敏感地带，因此，与其他桥梁相比，区域城市环境在工程的综合环境影响中占据了重要的地位。

图 4.1 两江大桥工程所处地理环境

4.1.1 解放碑商圈

“3000 年江州府,800 年重庆城,100 年解放碑”,这是老重庆人口中流传的一句话,也佐证了解放碑在重庆人心中与生俱来的尊崇地位。1997 年,重庆市和渝中区投资建设了以解放碑为中心的中国第一条商业步行街——解放碑中心购物广场,从此引领了一座巴渝大城市的飞速巨变。

目前,解放碑 CBD(图 4.2)不仅早已跨越千亿级商圈,更已成全球企业掘金西南的桥头堡、承接城市高端商务需求的排头兵。解放碑商圈的社会消费品零售总额超过 500 亿元,为渝中区的贡献率超过 90%。据权威媒体报道,全重庆 3 000 万人口,每 5 个人中就有 1 个人在解放碑消费,80% 的赴渝游客必去解放碑领略山城魅力,源源不断的人流创造了财富盛宴。

图 4.2 解放碑 CBD

解放碑商圈聚合了世界 500 强企业 152 家,占全市的 70%;有 18 座 5A 级写字楼,占全市 75%;金融产业的集聚高地,有区域市级及其以上级别金融机构已达 88 家,占全市 90% 以上;重庆共 12 家领馆,11 家都进驻解放碑,占中西部数量最多;已建五星级酒店 15 家,占全市的 40%;会聚 205 个国际知名品牌;“亿元税收楼”有 13 栋,6 000 多家高端商务服务机构、101 家总部及重点企业。

作为不可复制的城市名片，解放碑独占政治中心、商务中心、中国西部金融中心、高端奢侈品消费中心、中西部外事中心5大中心价值，令其他区域难以企及，国家级商圈的地位无法超越。在国家战略赋予重庆新定位的背景下，解放碑开始了新一轮城市裂变——推进“全域渝中”的建设，原有1.61km^2的解放碑CBD面积扩大到3.5km^2。解放碑商圈凭借其唯一的国家级战略城市功能定位，金融、商贸集群化效应凸显，正在成为中国西部地区总部经济集聚区、高端商业承载区、国际商务交流区、文化创意示范区、国际化都市风貌展示区和金融集聚区，问鼎重庆商业价值的制高点。

4.1.2 洪崖洞

千厮门嘉陵江大桥渝中侧桥头处的洪崖洞（图4.3），位于重庆市核心商圈解放碑沧白路、长江、嘉陵江两江交汇的滨江地带，坐拥城市旅游景观、商务休闲景观和城市人文景观于一体。以具巴渝传统建筑特色的“吊脚楼”风貌为主体，依山就势，沿江而建，让解放碑直达江滨。

图4.3 洪崖洞

洪崖洞拥有2 300多年的历史。"洪崖洞民俗风貌区"项目是2005年重庆市政府"八大民心工程"之一，总面积4.6万m^2，是"重庆市重点景观工程"和"AAA级重点旅游项目工程"。该景区以拥城市旅游景观、商务休闲景观和城市人文景观于一体而闻名，并以最具巴渝传统建筑特色的"吊脚楼"风貌为主体，依山就势，沿崖而建，让解放碑直达江滨，是游吊脚群楼、观洪崖滴翠、逛山城老街、赏巴渝文化、看两江汇流、品天下美食的好去处，也是解放碑的会客厅。

4.1.3 湖广会馆

东水门长江大桥渝中侧桥头处的湖广会馆(图4.4)，又名禹王庙。抗战时为军用203仓库，现为重庆市商业储运仓库。始建于清乾隆二十四年(1759年)，道光二十六年(1846年)扩建，为湖北、湖南在渝商人的聚会之所。由于长期以来遭受自然和人为的破坏，大山门被拆毁，殿堂房舍毁坏严重。大殿坐北向南，原为歇山式屋顶，现已改为普通屋顶，抬梁式屋架。面阔16m，进深13.6m，通高12.5m，建筑面积217.6m^2。前檐残存斗拱5朵，用材

图4.4 湖广会馆

细小，是典型的清前期的建筑风格。

4.1.4 南滨路

重庆南滨路处于重庆市的中心地位，北临长江，背依南山，可观最美渝中夜景；历史悠久的巴渝文化、宗教文化、开埠文化、大禹文化、码头文化、抗战遗址文化如珍珠般遍布沿线，使南滨路获得了"重庆外滩"的美誉(图 4.5)。

图 4.5　南滨路和喜来登酒店

南滨路旅游观光区全长 25km，占地 16 万 m^2，是集防洪护岸、城市道路、旧城改造和餐饮、娱乐、休闲为一体的城市观光休闲景观大道。

2013 年，南滨路以创建国家 4A 级景区为契机，打造"12345"工程：建成一个生态亲水区，利用灯饰景观，还原古巴渝十二景中的海棠烟雨、黄葛晚渡等；拟建游艇码头和水上巴士项目；打造养生泉、中央半岛温泉两个精品温泉旅游项目；修复米市街、慈云老街、弹子石老街 3 条历史文化街；创建国家 4A 级旅游景区；整饰法国水师兵营、美国水师兵营、卜内门洋行、慈云寺、千佛寺 5 处历史文物建筑。

重庆喜来登国际中心位于南滨路核心地段，占地 35 亩，总建筑面积约

23 万 m^2，由喜来登国际大酒店（图 4.5），甲级写字楼，酒店服务式公寓和国际品牌商业街组成，距离东水门长江大桥 1.5km。喜来登大酒店主体高度 218m，双塔玻璃外观设计引人注目，成为南滨路地标性建筑。

4.1.5 重庆大剧院

位于千厮门嘉陵江大桥江北岸桥头的重庆大剧院（图 4.6），总建筑面积 10.33 万 m^2，长 262.5m，宽 159.5m，地下 2 层，地上 7 层，由 1 850 座的大剧场和 930 座的中剧场及其配套用房组成，是一座集表演、观看、排练、剧务、服装、道具、停车、餐饮、观光于一体的现代化智能剧院。

图 4.6 重庆大剧院

该工程建筑形态雄伟别致，立体造型具有现代气息，建筑外形由 11 个棱角分明的几何块体组成，宛如缓缓驶入长江的巨轮；外墙采用翡翠色玻璃幕墙，与周围青草、绿水融为一体，恰到好处地体现出重庆“山水之城”的特点。夜晚，灯光透过翡翠色玻璃幕墙映射到天空，整个建筑晶莹剔透，宛若江面升起的璀璨明珠，与空中闪烁星空交相辉映，成为重庆一道极具识别性的独特夜景。

4.1.6 重庆科技馆

与重庆大剧院相邻的重庆科技馆(图4.7),是重庆市十大社会文化事业基础设施重点工程之一,是面向公众的现代化、综合性、多功能的大型科普教育活动场馆,是实施“科教兴渝”战略和提高公民科学文化素养的基础科普设施。重庆科技馆位于长江与嘉陵江交汇处的重庆江北嘴中央商务区(CBD)核心区域,该馆占地面积37亩,建筑面积4.53万m^2。

图4.7 重庆科技馆

重庆科技馆外观采用石材与玻璃两种材质。外墙石材使用多种颜色交叉重叠,像坚硬的岩石,隐喻“山”;占整个外墙的60%、近10 000m^2的玻璃幕墙则清澈通透,隐喻“水”。石材的棱角分明、玻璃的透明如水,恰到好处地彰显出重庆“山水之城”的特征。

4.1.7 两江大桥城市风貌影响因素总评

两江大桥桥位邻近长江与嘉陵江两江交汇处,东接南山、跨两江、穿渝中、连江北,串联起重庆最具代表性的城市景观,该地也是山城重庆两江旅游的核心区。

巍巍南山绿障环抱山城，成为城市的绿肺；渝中半岛高楼林立，彰显国际化大都市气质；长江和嘉陵江岸畔伫立的湖广会馆和洪崖洞民俗风景区，述说着重庆城悠久的历史；江北新城CBD中心的初具规模，科技馆和大剧院以其现代、艺术的结构造型和浓郁的科技、人文气息，在风景如画的两江口新添一处亮丽的风景。两江大桥桥区城市风貌总览如图4.8所示。

图4.8　两江大桥桥区城市风貌总览

在这个特殊的地区，重庆独特的城市风貌高度集中，长江和嘉陵江在这里汇成一体，形成两江绕城的独特景观；自然景观和人工建筑和谐统一，历史与现代结合渗透，民俗风貌和科技人文交相辉映。这些特点共同组成了一个景观敏感性非常高的地区，桥两岸自然景观和既有及规划建筑的整体风格对桥梁的景观协调性提出了非常高的要求，任何一种桥型方案都会对这片地区的景观造成影响，如何使桥梁工程减少对周边环境带来的负面影响，发挥出桥梁景观改善城市景观积极的一面，是两江大桥总体方案考虑的重点。桥位处独特的区域特征决定了两江桥必须是一个优美、和谐、谦逊、平衡、具有历史延续并不失现代气息的桥型结构，必须能够起到与城市景观统一、相互衬托、锦上添花的作用,必须能担负起一座未来国际化大都市赋予的独特使命。

两江大桥采用的单索面稀索部分斜拉桥集时尚、文化和创新于一体。

(1)两江大桥总体方案协调一致的结构形式和布跨,将两江四岸连成一个整体,两江桥自身也成为这道壮观绵延风景带上的重要纽带,气势磅礴,与周边环境完美融合,工程建成后必将成为两江交汇口、重庆乃至中国的一道独特的亮丽风景,吸引世人的目光。

(2)两江大桥总体方案现代化的桥梁形式,既与渝中半岛高耸的楼群、江北科技人文的象征科技馆、大剧院及南滨路双塔造型的喜来登酒店交相辉映,凝练简洁的桥塔造型也和湖广会馆、洪崖洞相得益彰,在展示重庆城市建设风貌的同时,也体现了对历史文化的继承和发扬。

(3)两江大桥总体方案刚柔相济的结构形式,蕴含着重庆厚重的山城历史文化,展现了山城文化中山的坚毅、城的秀美。简约、大气且充满现代感的主塔造型体现了重庆历史与现代的结合,与刚性的主桁和柔性的索一起向世界展示着重庆这座城市的独特魅力。

4.2　两江大桥的工程建设环境

4.2.1　地形、地貌

东水门大桥工程跨长江,总体为丘陵地貌。该区间线路所经地段的地貌类型较多,根据地貌成因和形态的差别,其沿线地貌形态大致分 3 个地貌单元区,即河谷侵蚀区、堆积阶地区及构造剥蚀丘陵区。海拔高程 150 ~ 285m,相对高差 135m 左右,地形起伏较大,坡度 3° ~ 35°。

千厮门大桥位于嘉陵江河谷上,河床高程 160.7 ~ 161.5m,相对高差约 1.2m 左右,墩位处地形较平坦,坡度 1° ~ 2°。

1)上新街段

该区域为山地地貌,地形复杂,轨道线经过区域房屋建筑较为陈旧,无高层。

2)渝中区段

该区域为重丘地貌,地形中间高两侧低,如龙脊伸入两江交汇口,脊背较宽,脊侧陡峭。区域人口密集,高楼林立,建筑密度大。

3)江北城段

该区域为浅丘地貌,山丘台地脉络清晰,主要形成4条脊线。江北嘴部地形相对平缓,插入长江。基地中形成两条大型冲沟,并深入内部,与山丘台地紧密咬合,并将基地分为东西两部分。片区内植被条件良好,尤其在冲沟河谷地带植被密集。

4)长江河床地形

东水门长江大桥桥位处长江河段,河道微弯,现左右两岸均修建了滨江路,河岸规顺,河宽300~600m,弯道曲率半径约为2 500m,该河段碛坝、石梁众多。

5)嘉陵江河床地形

拟建大桥位于嘉陵江河口段,曾家岩弯道下游的金沙碛滩段,下距朝天门河口0.8km。嘉陵江经曾家岩弯道后逐渐放宽,至千厮门弯道,河面宽度由不足300m放宽至1 000m。工程河段属宽浅河段,“U”形河槽,其中右岸为冲刷岸,岸壁陡峻,左岸为淤积岸,边滩发育,岸坡平缓。枯水时,水流坐弯;洪水时,则水流直冲金沙碛滩面,枯水河槽此时成为缓流区而淤积,汛后则随着水流归槽逐步冲刷。但该河段受两江汇流影响,不能保持年内冲淤平衡,如遇最后一次洪水发生在长江,则该段内的淤沙不能在本年内冲走,其河床演变受到两江水位顶托的影响。

4.2.2 工程地质条件

两江大桥沿线出露地层为侏罗系中统沙溪庙组沉积岩层和第四系全新统松散土层。表层主要为第四系人工填土;下伏基岩为侏罗系中统沙溪庙组陆相沉积岩层,主要岩性可划分为砂岩、砂质泥岩。大桥桥墩区未见滑坡、泥石流、崩塌等不良地质现象。

4.2.3 水文条件

东水门大桥跨越长江河流，长江是重庆市主城区的过境河流，在桥位区河流流向北北西，河面宽 500 ~ 550m。长江常年洪水位一般为 175.00 ~ 180.00m，汛期最大流量 86 200m^3/s（1981 年 7 月），调查的历史最高水位为 196.25m（1870 年），最低水位为 158.08m（1987 年），勘察期间水位在 163.00 ~ 166.00m 之间波动。全年水位变化规律是 2 ~ 4 月为最低水位期，7 ~ 9 月为最高洪水期。

千厮门大桥跨越嘉陵江河流，江水自西向东流，在朝天门汇入长江，平均水面坡降 0.28‰，最大流量 44 800m^3/s，最小流量 242m^3/s，多年平均流量 2 160m^3/s，江面宽 450 ~ 500m，平均流速 0.1 ~ 6.0m/s，多年含沙量 2.372kg/m^3，勘察期间（2008 年 6 月 24 日）水位 166.50m。

通过对北碚、朱沱和寸滩水文站水文资料及长江科学院数学模型计算成果进行分析，推算出千厮门大桥桥位处水位流量关系，得知在天然情况下，桥位处 20 年一遇洪水水位为 188.62m，对应嘉陵江/川江流量为 40 500/34 800m^3/s。由于三峡水库运行过程中，库区泥沙呈累积性淤积，同流量下水位将有所提高，当三峡水库运行 100 年时，库区基本形成新的泥沙冲淤平衡状态，此时桥位处 20 年一遇洪水水位为 194.61m。

与大桥位邻近的两江汇合处重庆（海关）断面 5 年一遇洪水位 184.23m（黄海高程、下同）、10 年一遇水位 186.33m、20 年一遇水位 188.53m、50 年一遇水位 190.83m、100 年一遇洪水位 192.63m；三峡工程淤积 30 年重庆（海关）断面处 5 年一遇洪水位 187.14m、20 年一遇水位 191.05m、100 年一遇洪水位 194.27m。

2009 年三峡水库完全投入使用后，三峡大坝坝顶高程 185m（吴淞高程），正常蓄水位 175m（吴淞高程），防洪限制水位 145m（吴淞高程），枯水季低水位 155m（吴淞高程）。水库调度运行方式为：每年 5 月末至 6 月初，坝前水位降至汛期防洪限制水位 145m（吴淞高程）；汛期 6 ~ 9 月，水库一般维持此低水位运行，遇大洪水时期根据下游情况，水库排洪蓄水，水位抬高，洪峰过后，仍降到145m（吴淞高程）运行；汛末10月，水库充水，水位逐步升高到175m（吴淞高程）；11月到次年4月，水库尽量维持在高水位。成库后，朝天门5年一遇洪水位184.3m（黄海高程，下同）、10年一遇水位186.7m、20年一遇水位188.6m、50年一遇水位190.9m、100年一遇洪水位192.7m。

4.2.4 气象

工程区域属亚热带湿润气候，具有冬暖春早、雨量充沛、夜雨多、空气湿度大、云雾多、日照偏少等特点，年平均气温为18.0~18.8℃。全年主导风向为北，频率13%左右；夏季主导风向为北西，频率10%左右；年平均风速为1.3m/s左右，最大风速为26.7m/s。

4.2.5 河床演变

在三峡水库按175m运行的情况下，重庆主城区河段的泥沙淤积具有呈累积性增长的趋势，泥沙淤积的主要部位是弯曲河段的凸岸边滩、河道放宽段、回流沱区和岸线参差不齐的凹岸缓流区等，例如长江的李家沱、九龙坡河段、珊瑚坝河段、梁沱、唐家沱和嘉陵江的金沙碛等河段淤积均较为严重。从泥沙淤积的横向分布来看，淤滩留槽是重庆河段泥沙淤积的主要特点，即天然情况下存在碛坝的地方均有大量的淤积，大部分河段原有的深槽基本能够保留。从泥沙淤积速率来看，该河段在水库运行初期泥沙淤积发展较为迅速，淤积量较多，淤积强度和淤积速度均较大，随着淤积边滩的逐渐形成，重庆河段的泥沙淤积速率将逐步放缓。而随着泥沙淤积的发展，重庆河段逐渐向着单一、规顺、微弯和高滩深槽方向发展，直至达到冲淤平衡为止。

东水门长江大桥位于望龙门—梁沱河段，该河段上接珊瑚坝尾部，下至汇合口下游左岸的梁沱，三峡水库运用后，该河段泥沙淤积的主要部位是北岸珊瑚坝尾部汇流区、猪儿碛南岸的老鹳碛边滩，其次是朝天门沙嘴以及下游的木关沱和梁沱。桥区河段南北两岸均修建了滨江路,一方面归顺了该河段的河道岸线,减小了河岸阻力;同时,又使该河段流速有所加大,有利于减少该河段的泥沙淤积。

由于受两江汇流的影响,朝天门沙嘴的泥沙淤积形成长约 100 ~ 150m 沙埂,对从长江进入嘉陵江或从嘉陵江进入长江的转江船舶航行将会带来一定的影响。在江北咀至梁沱港区泥沙淤积宽度达到 200m 左右,淤厚 10 ~ 24m,船舶将无法在该港区停泊、航行及作业。而在东水门大桥所处上下游 1km 范围内的泥沙淤积甚少,在主通航孔内,主河槽基本无泥沙淤积,在靠左岸的长滨路岸边较窄范围内有厚 1m 左右的泥沙淤积,推荐桥型的右边副通航孔的深槽(内浩)有一定的泥沙淤积,但淤面高程较低在 155m 左右,也不会影响地方船只的通航要求,可见桥位附近较少的泥沙淤积对桥区的通航是较为有利的。

千厮门嘉陵江大桥所处河段,在三峡水库运用后,主要是左岸金沙碛边滩淤积较为严重。金沙碛边滩进一步淤高,并向下游汇合口方向有较大的发展,实测该边滩最宽达 470m 左右,淤厚 8 ~ 10m,滩面高程 170 ~ 175m。在该河段入口段,由于右岸边滩的发展,主槽向河心有一定的摆动,使该河槽在水库水位消落期流速、比降增大,如三峡工程运行 30 年末寸滩流量为 21 685m^3/s、嘉陵江流量为 10 710m^3/s 时,该河段局部比降达到 0.91‰,弯顶段码头区最大流速达到 4.64m/s。且黄花园大桥的 2 号墩伫立于主槽中,成为碍航建筑物,其桥墩与枯水主流流向交角大于 15°,在墩后形成大片掩蔽区,导致泥沙淤积,形成浅包。在大桥所处的金沙碛中下段,其主河槽位置仍位于在右侧城区沿岸,这对保证朝天门港区正常稳定运行较为有利。但由于金沙碛滩面淤高加宽,束窄了该段枯水河宽,导致流速增大,也会影响到船舶停靠。

数模计算结果表明建桥后流场改变仅局限在桥位附近较小的范围内,不存在建桥后引起河岸坍塌、变迁等河势改变的水流动力和河岸边界条件。在天然情况下,桥区河段表现为典型的山区河流特征,河床及河岸边界约束较强,滩槽稳定,近30年河床冲淤变化并不明显;在三峡成库后,水位壅高,流速减缓,在桥区上下游的原边滩、回流沱区位置泥沙淤积较为严重,而在桥址附近由于受河床地形及两岸岸线的控制,其泥沙淤积极少,建桥对桥区河段的河床演变影响甚小。

4.2.6 航道及通航要求

东水门大桥下距长江、嘉陵江两江汇流口(朝天门)约1.5km,距宜昌航道里程660.7km,该桥区河段属三峡水库175m蓄水方案回水变动区。东水门长江大桥河段航道等级为国家Ⅰ级航道。《重庆东水门长江大桥通航净空尺度和技术要求论证研究报告》推荐采用《内河通航标准》(GB 50139—2014)中Ⅰ-(2)级航道船三排三列的船队为代表船队进行通航论证,船队尺度为:316m×48.6m×3.5m。对于单船则采用标准化船型中的5 000t级散装船。根据《内河通航标准》(GB 50139—2014)Ⅰ-(2)级的规定,双向通航航道净宽320m,通航净高18m,上底宽280m,侧高7m。东水门长江大桥船舶年通航量预测见表4.1。

东水门长江大桥船舶年通航量预测表(单位:艘次) 表4.1

通航艘次 / 船舶吨位	年份		
	2010年	2020年	2050年
通过船舶总数	88 325	359 982	600 400
平均日通过船舶艘次数	242	986	1 645
50t以下	4 817	18 499	24 016
50~200t	10 596	40 698	66 044
200~600t	20 228	73 996	114 076
600~1 600t	16 971	89 895	156 104
1 600~3 000t	28 994	86 243	96 064
3 000~5 000t	4 371	41 068	108 072
5 000~8 000t	2 348	9 583	36 024

千厮门大桥下距嘉陵江与长江汇合口约0.8km,河段通航标准为国家Ⅲ级航道。《重庆千厮门嘉陵江大桥通航净空尺度和技术要求论证研究报告》中规划的船型船队尺度为一顶两驳:(1+2×1 000t)167m×21.6m×2.0m,对于单船则采用标准化船型中的3 000t级散装船。根据《内河通航标准》(GB 50139—2014),Ⅲ级航道通航净高标准为10.0m,考虑到嘉陵江河口干支互通的需要,通航净高采用长江航道的净高18m。根据《内河通航标准》(GB 50139—2014)和相关实测资料计算分析,大桥通航孔应满足的最小通航净宽为:单孔单向通航净宽:$B=127$m,单孔双向通航净宽:$B=242$m。千厮门大桥桥位处船舶通航量预测见表4.2。

千厮门大桥桥位处船舶通航量预测表(单位:艘次) 表4.2

船舶吨位＼通航艘次	年份		
	2010年	2020年	2050年
通过船舶总数	17 466	46 147	79 069
平均日通过船舶艘次数	48	126	217
200t以下	5 202	10 142	10 637
200～600t	4 681	24 342	46 093
600～1 000t	4 125	6 086	14 182
1 000～2 000t	2 451	3 953	5 406
2 000～4 000t	1 007	1 624	2 751

从表4.1中可知,600～1 600t级的船舶数量占总船舶数量的比例最大。三峡枢纽175m蓄水后将极大地改善长江航运的通航条件,提高通航能力,降低航运成本,船舶呈现大型化、专业化的发展趋势,1 000t级以下船舶将逐渐被淘汰,3 000～5 000t级的船舶将成为今后长江航运的主力船型,随着时间的推移,这种趋势将会更加明显。

随着三峡工程的兴建和我国经济的迅猛发展,嘉陵江航运也在迅速发展。2009年三峡水库正常蓄水后,嘉陵江下游55.1km河段处于三峡水库的回水变动区，随着回水区内水位升高，航道尺度可明显增加，同时，上游草街航电枢纽也已动工建设，嘉陵江通航条件也将得到改善。船舶可逐步向大型化发展，船舶航行密度将会大大增加。

《重庆东水门长江大桥通航净空尺度和技术要求论证研究报告》中确定的东水门长江大桥的通航净空标准为：320m × 18m。长江东水门大桥桥址处靠南区域有碛坝，通航论证报告中认为水流横流速度较大，宜一跨过河或通航水域不设墩，因此，东水门长江大桥的主跨将不小于440m。

《重庆千厮门嘉陵江大桥通航净空尺度和技术要求论证研究报告（送审稿）》中推荐的千厮门嘉陵江大桥的净空标准为：单孔单向通航127m × 18m，单孔双向通航242m × 18m。千厮门嘉陵江大桥桥址区域有金沙碛锚地，水面宽度620m。通航论证报告中提出：桥跨布置需满足多孔通航，枯水期需一跨跨越主航道，洪水期满足单孔双向通航要求，通航净宽宜在230m，洪水期考虑两个通航孔，并且北岸一跨应考虑锚地船只安全，也应保持合适的跨径，如果考虑一跨跨过，跨径需要500m左右。

4.2.7 两江大桥的工程建设条件总评

整个工程路线的地形地貌符合山地城市特征，高差大，地形复杂，岸上建筑多。路线走廊受跨江大桥桥位控制，跨江大桥桥位可选范围内，规划预留的桥位资源（预留平面宽度）非常有限，且受周边众多高楼、古（仿古）建筑、其他城市道路平面及高程接口、其他轨道交通线交叉换乘及高程控制的影响，基本没有其他桥位可以比选。且该桥位依据重庆市城乡总体规划和国家发改委批准的《重庆市城市快速轨道交通建设规划》（2005年～2013年），能有效改善城市交通。由于桥梁功能特殊，桥位选择受到限制，桥址具有唯一性。

桥轴线与河流走向近于正交。桥轴线上河谷宽约650m、水域宽550m，两岸因滨江路的改造，河漫滩上现堆积的填土层厚度10～20m，北岸河谷中上覆冲积的砂卵石层厚6～10m，南岸河谷中上覆冲积粉砂土层厚5～8m。

河中无冲刷深槽,两岸岸坡稳定。下伏岩体裂隙不发育,岩体裂隙由上而下逐渐减少,随深度增加而趋于完整,桥位工程地质条件良好。

东水门长江大桥桥面高程控制因素主要为最高通航水位194.57m(洪水频率1/300,黄海高程),以及相应通航净空18m。主桥从南岸一侧桥台至北侧桥塔范围内为平坡,从北侧桥塔至渝中区一侧桥台的纵坡变化为:上层桥面最大纵坡为2.05%,下层桥面最大纵坡为2.05%。引桥上层桥面最大纵坡为4.0%,下层桥面最大纵坡为2.05%。

千厮门嘉陵江大桥桥面高程控制因素主要为最高通航水位194.61m(洪水频率1/20,黄海高程),以及相应通航净空18m。主桥从渝中区一侧桥台至最外侧一根斜拉索范围内的纵坡变化为:上层桥面最大纵坡为3.2%,下层桥面最大纵坡为2.37%,其余范围为平坡。引桥最大纵坡为0.5%。

无论是悬索桥方案还是部分斜拉桥方案,其跨径布置均满足通航要求,并且为水运交通发展迅速的朝天门码头航运条件的改善和航道等级的提升,预留了可持续发展的空间。

4.3 既有桥梁形式对两江大桥选型的影响

两江大桥跨越的长江和嘉陵江航道上都已修建很多的桥梁。长江航道上,桥位上游有菜园坝长江大桥和石板坡长江大桥及复线桥。菜园坝大桥是目前国内最大的公轨两用的大跨径拱桥,主跨420m;石板坡长江大桥复线桥是世界上跨径最大的连续刚构桥,主跨330m,采用钢混结合梁结构。桥位下游有朝天门长江大桥和大佛寺长江大桥。朝天门大桥是世界上最大跨的拱桥结构,主跨552m,也是一座公轨两用双层城市桥梁;大佛寺大桥是一座主跨450m的双塔双索面混凝土斜拉桥。嘉陵江航道上,在千厮门大桥上游主要有渝澳大桥、嘉陵江大桥和黄花园大桥。渝澳大桥和黄花园大桥均是预应力混凝土连续刚构结构。重庆嘉陵江大桥则为重庆市首座跨江城市桥梁，为铆合钢桁架双悬臂桥。两江大桥邻近桥梁分布情况如图4.9所示。

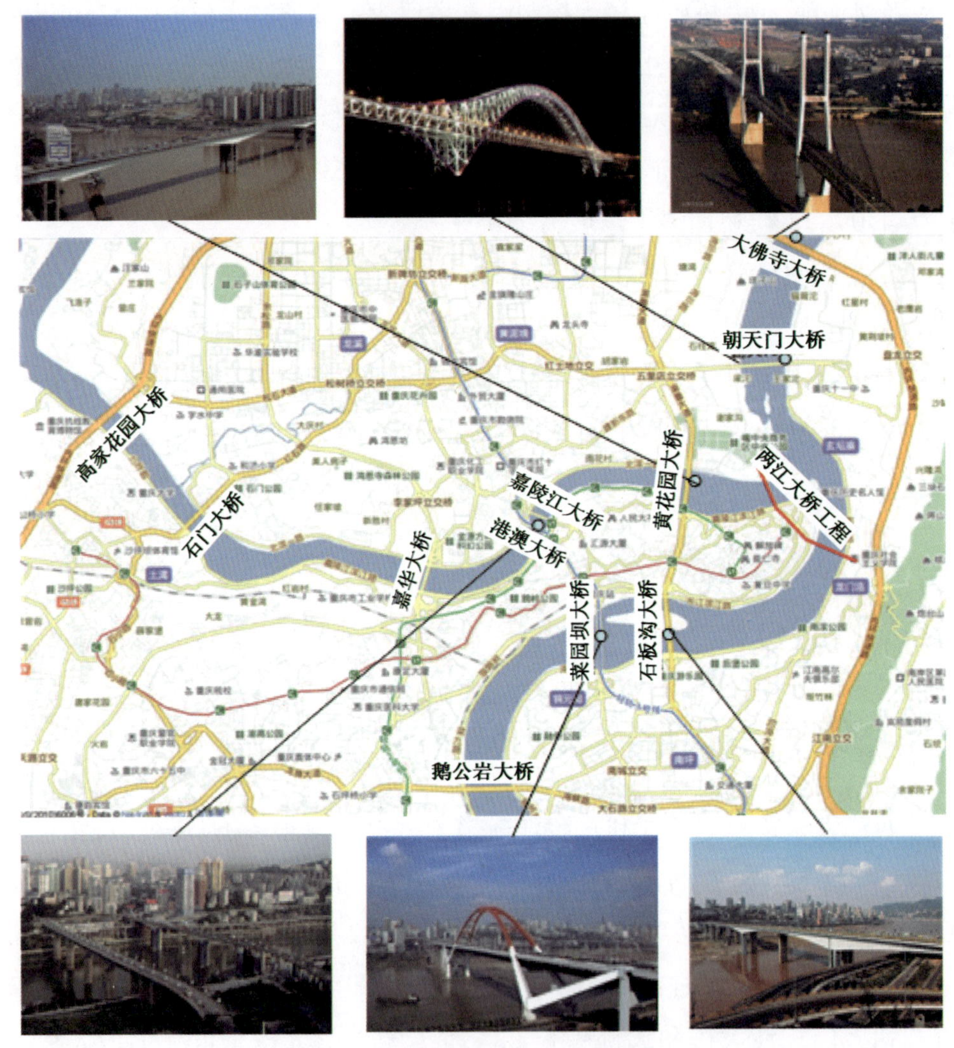

图4.9 两江大桥邻近桥梁分布情况

由此可见，两江大桥总体方案考虑悬索桥或部分斜拉桥，与上下游既有桥梁的桥型不产生重复和冲突；甚至对于重庆“桥都”而言，是一个重要的补充；同时，也符合山地城市多样性和变化丰富的特点。

4.4 工程技术风险对两江大桥方案选定的影响

在两江大桥方案研究阶段，提出了两个极具创新性的桥型：悬索桥和部分斜拉桥。工程实施方案最终选择了部分斜拉桥方案，其原因主要来自于工程技术风险。

悬索桥方案中，东水门大桥和千厮门大桥分别为独塔悬索桥，其锚碇问题在用地条件相对较有利的江北岸和南岸容易解决，但因渝中半岛岩石的整体性不好，除非做一个非常巨大的地锚，否则很难承受主缆的拉力。而且周边都是密集的高层建筑，大型的锚拉体系会危害周边高层建筑的基础，因此，对于两江桥来说，常规的地锚式悬索桥是很难实现的。于是悬索桥方案在渝中半岛的锚碇，考虑利用轨道交通 6 号线下穿渝中半岛形成的隧道，用一对和主缆相当的拉索（隧道索）沿着轨道隧道下方，将两座大桥的主缆连接起来，形成超级悬索桥方案。

经过深入的研究分析，悬索桥方案具有以下不足：

（1）技术风险更高。穿越高层建筑密集的渝中半岛，地下工程存在地质条件、地下空间限制等问题；利用轨道交通隧道，存在与轨道交通安全相关的问题；主缆是悬索桥最重要的承重结构，以上各种情况相互作用，可能对隧道索产生不利影响，进而对两江大桥结构安全形成不可预见的影响。因此，地下工程的不可预见性，令悬索桥方案的技术风险远高于部分斜拉桥方案。

（2）工期更长。按照悬索桥方案的思路，大桥建设依赖于轨道交通 6 号线隧道实施进度，将延长大桥的建设工期，并较大幅度地增加整个工程总工期。

（3）造价更高。在不考虑工程不可预见性的情况下，根据投资估算，悬索桥方案比部分斜拉桥方案建安费高 20%。

最终，两江大桥工程采用了技术更为可靠的部分斜拉桥方案。

城市桥梁设计首要原则是“安全可靠”。两江大桥两大创新方案之间，悬索桥方案的不可预见性可能超出风险控制范围,其创新活动的结果存在导致工程超出可接受范围的后果;而部分斜拉桥方案,通过创新活动过程中理性的技术风险管理,能够实现技术创新的目标和价值。后来大桥的实施过程直至建成通车,也印证了这种选择的正确性,两江大桥桥型方案的创新获得了成功。因此,两江大桥方案的选定,体现了桥梁技术创新与风险管理水平。

4.5 色彩及夜景技术在两江大桥设计中的创新应用

由于两江大桥地理位置的特殊性,周边环境赋予其更高的景观要求。因解放碑商圈的繁荣特点、历史建筑的人文特点、江北嘴新兴建筑的高科技特点,两江大桥桥型方案集时尚、文化和创新于一身,与周边环境相融合,同时展示着自身独特的魅力。

除了山城、江城之外,在被公众评为重庆"十大名片"中,桥位区占了一半以上,这就要求两江大桥除了从桥型上具有"结构之美"外,还需要与桥梁形式和桥位区环境相得益彰的桥梁景观设计,来增强桥梁的表现力,共同实现桥梁总体方案的设计目标。

4.5.1 色彩设计技术在两江大桥设计中的创新应用

1)桥位环境色彩现状特点

(1)渝中区建筑密度大、色彩非常丰富。

(2)朝天门两江交汇处,建筑色彩饱和度较高。

(3)附近大型桥梁距离较近,色彩多以红、灰为主,夜景艳丽、隆重。

(4)长江水色彩偏暖色,嘉陵江水色彩偏冷色,两江水有明显交汇线。

2)色彩设计定位

两江大桥的色彩景观理念定位为"虹跨两江,桥都印象"。

两江大桥的色彩选择,需突出桥的优美姿态,两桥色彩统一、和谐,与周边环境相协调。需突出柔美现代的天梭桥塔造型,体现双曲面的内部线条与外轮廓，别致新颖，使桥塔造型与两江口灵秀风光匹配。桥位周边的建筑如图 4.10 所示。

图 4.10　桥位周边建筑

3）涂装色彩提取与确定

通过对重庆城市背景大色调分析，提取了重庆城市特征色彩：红色、橙色、雅灰色、赭石色，以景观设计理念为指导，将桥体每部分分解与所提取色彩进行组合并与桥位背景色进行搭配分析，如图 4.11 所示，按照色彩美学原则选择桥梁主色彩，景观规划将东水门长江大桥和千厮门嘉陵江大桥视做一个整体，采用统一和谐的色彩景观。

经过反复模拟色彩对比，在 6 种色彩搭配方案中选择了主塔及桥墩为雅灰色，搭配独特的国际橙色的钢梁及拉索的色彩方案，如图 4.12 所示。此色彩方案与江水及附近的建筑能够较好的融合，还与天空的颜色形成对比，让两江桥在整体景观中的点缀性较强，传达重庆独有的精神内涵。东水门大桥建成实景如图 4.13 所示。

4.5.2　夜景设计技术在两江大桥设计中的创新应用

重庆倚山临江，建筑层叠耸起，道路盘旋而上，城市风貌独特，由此形成了奇丽夜景，并自古有雅号“字水宵灯”。特别是在两江大桥桥位区域，以渝

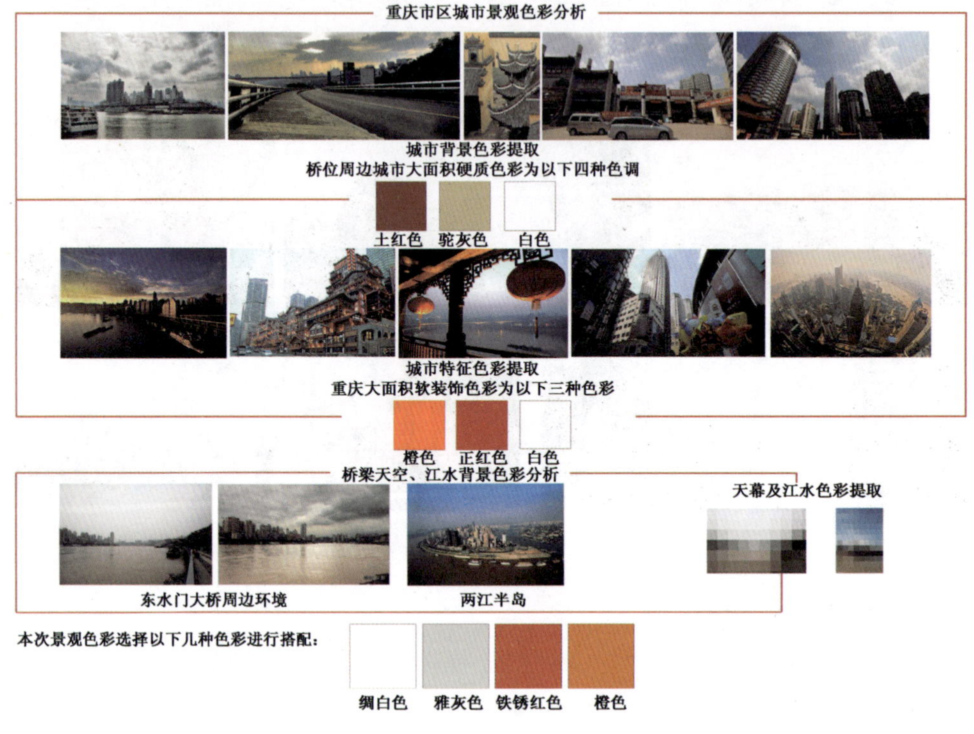

图 4.11 色彩分析图

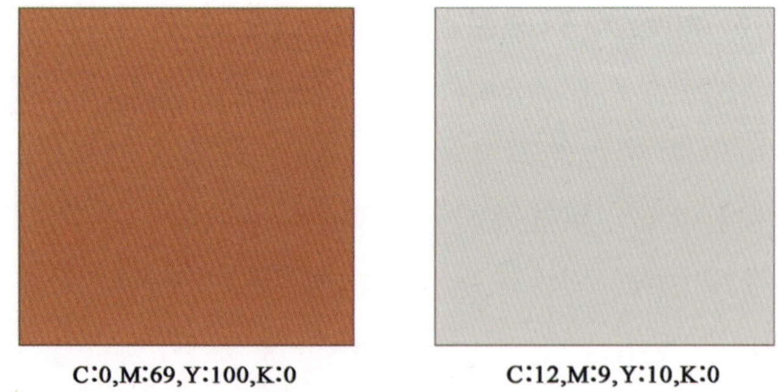

图 4.12 最终确定的颜色

中半岛灯饰群为中心，滨江道路和跨江桥梁华灯为纽带，万家民居灯火为背景，层见叠出，构成一片高低井然、错落有致、远近互衬的灯的海洋。

图4.13 东水门大桥建成实景

1）桥位区夜景特点

（1）周边夜景情况复杂，照明要素多，亮度值跨径大。

（2）周边梁桥、拱桥居多，夜景照明多以完整表达桥梁结构为主要手法，通过点线面相结合的方法将大桥整个结构全部展示出来，不强调光影的主次，将夜景照明完全依附于桥梁自身结构的美感当中。

2）两江大桥夜景设计的总体思路

（1）与周边夜景相融合。

（2）突出两江大桥夜景的自身特色。

（3）根据重要观赏节点考虑夜景照明的展现重点，突出透视角度的体量感和层次感，重点把握与背景环境的搭配关系。

3）两江大桥夜景设计的难点

（1）两江大桥未来夜景最佳展示角度为斜侧方透视角度，该角度为最多人流量观测角度，因此，夜景照明设计对此类视角的景观效果展示应更加充分和具有代表性。

（2）主塔空间曲面造型及双曲面内腔结构。虽然内腔控光式照明方式优于整体泛光式照明，但双曲面内拱精准控光为夜景照明带来相当大的难度。

（3）钢桁架是大桥最重要的结构之一，由于防腐结构要求，钢桁架表面涂装材料丙烯酸聚氨酯面漆反射系数较低，为夜景照明设计带来了很大难度。

4）两江大桥夜景设计

（1）主塔照明。

经过分段测试计算后得出，大桥主塔应采用阶梯功率组合式泛光照明，通过不同功率的投光灯分段逐级进行照射，灯具安装的位置集中在主塔附近的钢桁架上，通过螺栓绑扎和预埋件的方式安装来保护钢桁架的防腐面层。

（2）斜拉索照明。

斜拉索下部采用窄光束投光灯由下至上顺拉索方向照射。原计划400W 投光灯在照射过程中虽然效果表现较好，但会产生较严重的眩光，因此，将400W 投光灯更换为250W 投光灯，并内置防眩光遮光罩来解决眩光问题。

（3）钢桁架照明。

钢桁架的体量占据了整座大桥的大部分视野，且表面反光系数偏低，国际橙色的色相在夜晚中又很难准确展现，因此，在设计钢桁架斜腹杆这部分结构照明方式时，进行了大量的准备工作。

首先，对钢桁架斜腹杆表面材质进行不同色温投光灯照射试验，观察是否产生色彩畸变，通过试验确定对本次被照面最好显色性的色温范围。

试验分别采用3 000k、4 200k、红光不同色温投光灯进行对比，选择出叠加后色彩饱满柔和的配灯方案。不同色温投光灯照射后效果与其材质固有色相比较，结果表明红光显色性较差，黄光照射后色彩饱满柔和。因此，钢桁架斜腹杆配灯参数定位于黄色光系。

考虑到斜腹杆造型狭长，宽度1.2m，长度16m。因此，在灯具布置位置设计中也考虑了多方案对比的情况。设计分别对用1 盏150W LED 投光灯和用2 盏75W LED 投光灯进行计算。

通过对比，选用1 盏150W 投光灯，灯具出光口照度达到4 094lx，最远端照度 9.06lx；选用 2 盏 75W 投光灯，最大照度和最小照度分别为 2 632lx 和 21lx。1 盏 150W LED 投光灯效果较亮，但底部会有黑色光斑，2 盏 75W LED 投光灯效果亮度略低，但较均匀。

考虑到大桥主要景观视点为透视角度，斜腹杆单一外立面的照射无法实现空间层次感，因此，设计最终决定保留斜腹杆外侧立面 1 盏 150W LED 投光灯的方案，斜腹杆两侧壁各增加 1 盏 50W LED 辅助光完善立体效果。东水门大桥夜景实景如图 4.14 所示。

图 4.14 东水门大桥夜景实景

4.5.3 两江大桥景观设计的启示

(1)心理学试验测定结果显示：人类对色彩和形状的敏感力分别为 80% 和 20%，可见色彩是影响感官的第一要素。桥梁色彩早就存在，但桥梁色彩设计却是一个现代课题。以前，受建筑材料、施工工艺和经济等条件的制约，大多数桥梁的色彩均为建筑材料的固有色彩。如今随着经济实力的增强、新材料、新工艺的不断发明，人们已可随心所欲地选择桥梁的色彩了，但为了避免桥梁色彩的杂乱无章，造成严重的视觉污染，应从桥梁色彩设计角度采用科学的方法，寻找合理的桥梁色彩设计流程，营造更加富有生命力的桥梁色彩，使其与城市变化完美融合。

(2)城市的桥梁代表着城市发展的经济地位和技术水平，桥梁夜景更被广泛重视。桥梁夜景中的控光表现可以说不仅仅是一种功能手段,更是桥梁精神的景观表达。针对日新月异的工程技术发展来说,我们的照明设计或多或少都存在一些误区。如何使这些精心雕琢的艺术品在夜空中富有独立的生命和性格,如何使这一精美的建筑在袅袅波纹中绽放独有的光芒,正是照明设计者该用实践去思考的问题。

5 公轨复合交通下主梁结构

5.1 主梁形式的选择

5.1.1 上下层交通形式

千厮门嘉陵江大桥上游1.2km处有交通量已经接近饱和的黄花园大桥,下游2.7km处有朝天门长江大桥,东水门长江大桥上游3.2km处有石板坡长江大桥,下游3.2km处有朝天门长江大桥。两江大桥桥位已经是该区域最后的桥位。

从重庆市综合交通规划来看,重庆市渝中半岛为狭长地带,建筑物稠密,道路狭窄,人口众多,交通量极大,由于地势半岛上、下层现有公路交通高程相差超过100m,跨越长江和嘉陵江的桥梁承担着连接重庆渝中及南北城市区域的交通重任。两江大桥桥位区域总体为丘陵地貌。该区间线路所经地段的地貌类型较多,根据地貌成因和形态的差别,其沿线地貌形态大致分3个地貌单元区,即河谷侵蚀区、堆积阶地区及构造剥蚀丘陵区。由于渝中半岛上、下层现有公路交通高程相差较大,海拔高程150~285m,相对高差135m左右,地形起伏较大,坡度3°~35°。

综合考虑节约工程投资,充分利用过江桥位资源以及加强轨道交通与城市道路交通衔接等因素,东水门长江大桥和千厮门嘉陵江大桥采用公轨两用桥梁,解决了城市道路交通和轨道交通过江的需求。

当决定采用公轨两用桥后,如何布置轨道交通和公路桥面的相对位置,将决定主梁的形式选择。目前,钢桁梁公轨两用桥可分为公路与轨道交通分别在上、下层的双层式公轨两用桥和公路轨道交通在同一平面的平列式公轨两用桥。如采用公路轨道交通在同一平面的平列式公轨两用桥,桥面宽度将远大于双层桥面,这将对渝中半岛湖广会馆和洪崖洞区域的拆迁造成极大的困难,同时离开主桥区域后,公路交通与轨道交通的路线交叉在平面线形、轨道净空等方面也存在较大的问题。这也是重庆菜园坝长江大桥、重庆朝天门长江大桥等公轨共用桥梁均采用上、下层分离式交通的原因。经过前期充分论证,为适应渝中半岛桥位处复杂的地形和有限的位置,只能采用上、下分离式桥面形式,因此,重庆两江大桥主梁采用钢桁梁最合适。

5.1.2 桁梁形式选择

从已建成的桥梁来看,大跨径双层桥梁除极少数特殊个例外,一般均采用钢桁梁形式。就结构性能、施工可行两方面而言,钢桁梁是较为合理的优势方案。

目前,桁梁的桁型主要有:纯华伦桁架(三角桁)、华伦桁架和普拉特桁架(N形桁)。这几种桁型的区别主要在于腹杆的布置方式,结构性能方面没有多大的差别,技术上也都是可行的。三角形桁架和N形桁架有更简洁的线条外形,在现代桥梁中应用比较广泛,而且桁架节点所接杆件最少(只有4根),这对简化桁架制造提供了有利条件。三角形桁是钢桁梁外形发展的趋势。

5.1.3 两片桁与三片桁的比选

两江大桥主梁钢桁梁的设计方案比选中,提出了两种可行方案:一种为两片桁架,另一种为三片桁架。

从桥梁美学的角度出发,采用两片桁架远远优于三片桁架,也符合两江大桥稀索单索面体系的总体设计风格。从远处眺望,两片桁架的通透性远远强于三片桁架,让人感觉简洁明亮;如果乘坐轻轨列车从主梁中穿过,减少中央桁架也可将对乘客的视觉阻挡效果减到最小,让乘客可以欣赏到长江上下游的美丽景色。

然而,从结构安全和耐久性的角度出发,设计者更倾向于选择三片桁架。两江大桥为稀索体系斜拉桥,索力本来就很大,为增强景观效果,采用单索面后,索力进一步增大,大桥运营阶段的最大索力接近16 000kN,为目前世界上最大的斜拉桥索力。对于如此巨大的斜拉索索力,大桥的锚固构造是最为重要的传力构件,其是否具有良好的受力状态及抗疲劳性能决定着大桥的安全。如果大桥采用三片桁架,索力能够直接传给中央桁架,大桥的锚固构造也相对简单合理。但如果采用两片桁架,拉索只能够锚固于一根强大的横梁并通过横梁将索力传递给两侧的桁架,锚固构造及传力路径将非常复杂。由于采用板桁组合结构,桥面板与桁架共同参与受力,特别是桥面板将承受较大的水平分力和面外力,一旦桥面板在疲劳荷载作用下开裂,后果将不堪设想。

多主桁桥梁是相邻主桁间距大致相等的多主桁组成的空间结构。随着经济的增长和社会的发展,车流量迅猛增长,桥梁越来越宽,两主桁的桥梁结构越来越难于满足社会发展对桥梁的功能要求,布置合理的三桁或四桁结构可以降低横梁受力,减小主桁杆件断面,且易于制造,加之空间有限元理论不断完善和建桥技术水平的不断提高,也使设计者对多主桁结构的空间效应和受力特性有了明确的认识。大跨径三主桁桥梁是近年来我国首创的一种新型结构体系,迄今为止,国外还没有三主桁桥梁。

作为重庆市中心的地标性建筑,美观问题已经上升到了相当的高度,在保证结构安全的前提下,如何寻找结构安全与美观问题的平衡点成为桥梁方案选择的关键。

为此,设计者必须充分论证两片桁架的锚固构造是否能够满足100年设计周期内的疲劳性能要求。通过静力计算分析,两江大桥主梁采用两片桁断面和三片桁断面均能满足技术标准和规范的要求。通过疲劳试验,大桥锚固构造的疲劳性能也能够满足规范要求。

另外,两片桁架钢材用量是三片桁钢材用量的92%,现场拼装的杆件数量和节点数量要少,同时能够节省工期和造价。综合上述结构安全和景观问题,设计者最终采用了两片桁架的断面形式。两主桁、三主桁比较见表5.1。

两主桁、三主桁比较表　　表5.1

主桁桁数	两主桁	三主桁
桁架形式	三角形桁架	N形桁架(桥面下锚固)三角形桁架(桥面上锚固)
受力特点	桁架桥面板共同受力	桁架桥面板共同受力
优点	构造简单、受力明确、施工方便	改善横梁受力,横梁设计容易
缺点	横梁受力复杂	主桁受力复杂,施工较复杂

5.2 主梁构造

5.2.1 基本布置

为了快速、高质地完成工地架梁,钢桁梁采用了正交异性桥面钢桁梁整体节点和整体节段的设计理念。该设计思想是将一个钢桁梁整体节段作为工地钢梁拼装的基本单元,要求把杆件、梁段、节点、正交异性桥面板块在厂内拼装成整体节段,然后,再将整体节段运至工地吊装拼接。

东水门大桥主桥布置为222.5m+445m+190.5m=858m的3跨双塔单索面连续钢桁梁斜拉桥(图5.1),千厮门大桥主桥布置为88m+312m+240m+80m=720m的4跨单塔单索面连续钢桁梁斜拉桥(图5.2)。

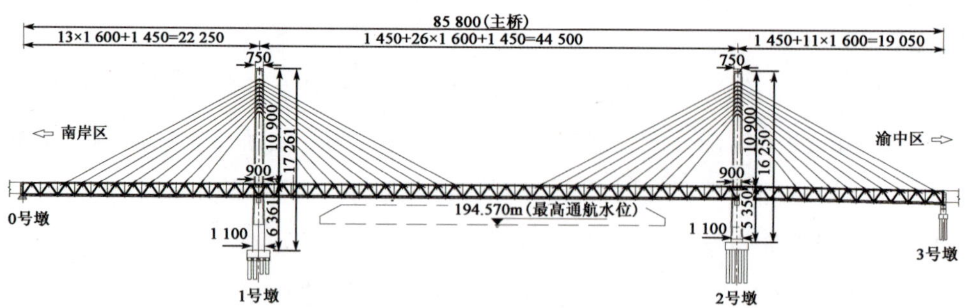

图5.1　东水门长江大桥主桥布置(尺寸单位:cm)

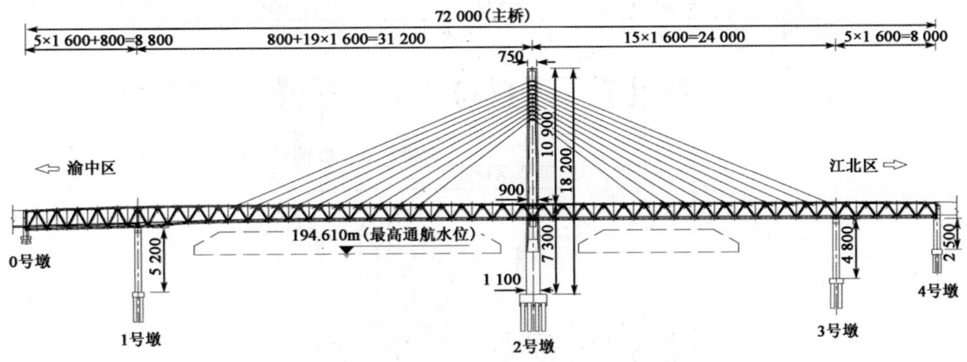

图 5.2　千厮门嘉陵江大桥主桥布置(尺寸单位:cm)

5.2.2　主梁构造尺寸

主桥上桥面全宽 24.0～39.2m,钢梁桁宽 15m,主桁采用变高度的三角形桁式,等节间布置,节间长度 16m。

桁高主要考虑结构刚度、行车净空、横向构件受力需要和节点构造的细节等因素。通过比较类似钢桁架主梁,公轨两用桁高大部分在 12m 以上,铁路桥梁桁高在 14m 以上。该桥为公轨两用桥,桁高取为 11.743 5m。主桁横断面如图 5.3 所示。

每段钢桁梁整体节段由正交异性桥面板、上弦杆及中纵梁、上横梁、主桁腹杆、下弦杆、下横梁、轨道梁及上下弦节点板构件单元组成(图 5.4)。

1)上弦杆

上弦杆为闭口箱形截面,高度×宽度尺寸为 1 200mm×1 200mm,根据受力特征,板厚设计为 20～50mm,设计共 6 种截面类型,根据受力需要选择杆件截面。上弦杆用高强螺栓与整体节点连接。

2)中纵梁

中纵梁为闭口箱形截面,高度×宽度尺寸为 1 000mm×840mm,根据受力特征,板厚设计为 30mm。中纵梁用高强螺栓与吊点锚箱连接。

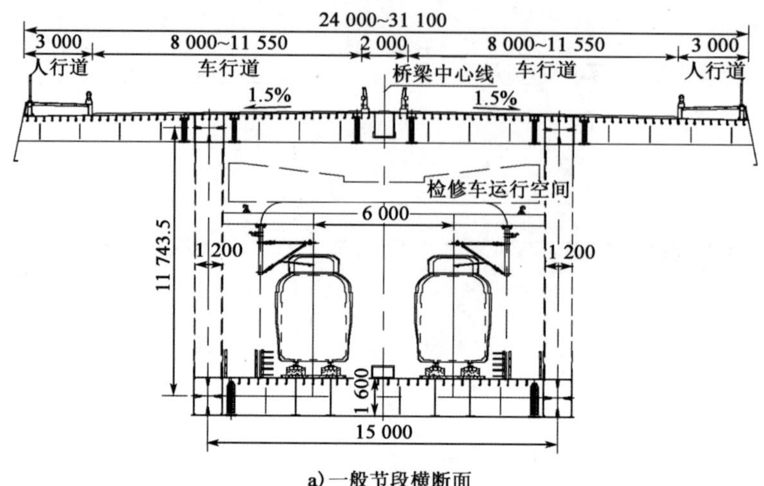

a）一般节段横断面

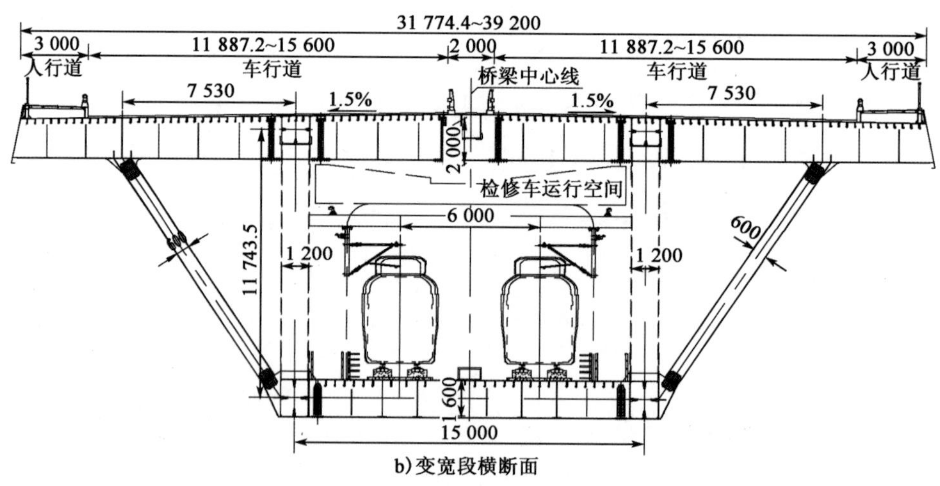

b）变宽段横断面

图 5.3　主桁横断面图（尺寸单位：mm）

3）上层桥面

采用正交异性钢桥面板，标准桥面板板厚 16mm，在局部区域加厚；桥面板加劲肋采用板肋，板肋规格为：240（肋板高度）mm × 20mm（肋板厚度）。车行道部分的板肋横向间距为 350mm，人行道部分的板肋横向间距为 400mm。桥面板连接为熔透焊工地对接，桥面系弦杆-横梁-腹杆及横梁-拉（压）杆均为整体焊接节点。

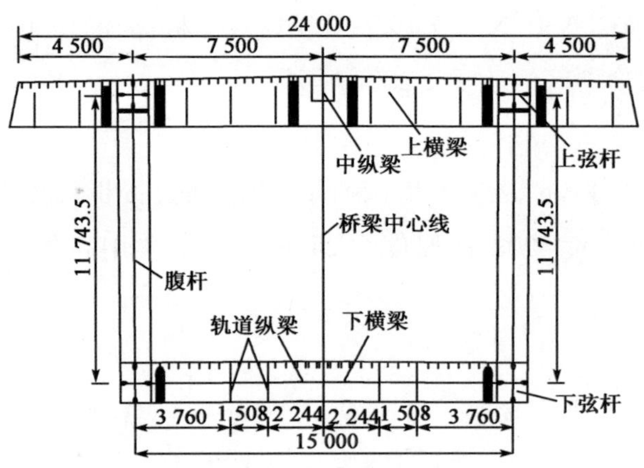

图 5.4 主桁各构件示意图(尺寸单位:mm)

4)上横梁

上横梁标准间距 2.75m,分节点横梁和间隔横梁两种。节点横梁为倒 T 形截面,腹板高度 2 000mm、板厚 16mm,下翼缘板宽度 700mm、厚度为 32mm;间隔横梁亦为倒 T 形截面,腹板高度 1 500mm、板厚 12mm,下翼缘板宽度 360mm、厚度为 16mm。横隔梁用高强螺栓与整体节点连接。

5)斜腹杆

斜腹杆为闭口箱形截面,高度 × 宽度尺寸为 1 200mm × 1 200mm,根据受力特征,板厚设计为 20 ~ 50mm,设计共 6 种截面类型,根据受力需要选择杆件截面。腹杆插入上、下弦全焊整体节点后,用高强螺栓连接。

6)下弦杆

下弦杆为闭口箱形截面,高度 × 宽度尺寸为 1 600mm × 1 200mm,根据受力特征,板厚设计为 24 ~ 50mm,设计共 6 种截面类型,根据受力需要选择杆件截面下弦杆用高强螺栓与整体节点连接。

7)下层桥面

下层桥面采用正交异性钢桥面板,桥面板板厚 16 ~ 24mm,采用板肋加劲,布置为:间距 × 高度 × 厚度为 400mm × 240mm × 20mm。节段间桥面板连接为熔透焊工地对接,桥面系弦杆-横梁-腹杆及横梁-拉(压)杆均为整体焊接节点。N01、N02、N50、N51 节段下层设置双层板,内灌压重用混凝土,南岸区侧压重 300t,渝中区侧压重 1 200t。

8)下横梁

下横梁纵向每 8m 设置 1 道,为倒 T 形截面,腹板高度 1 600mm、板厚 20mm,下翼缘板宽度 800mm、厚度为 24mm。下横梁用高强螺栓与整体节点连接。

9)轨道梁

轨道梁以承受列车荷载产生的集中力为主,根据轨道要求,横向布置 4 道。全部下桥面荷载通过纵梁传给横梁,再通过横梁传给主桁;桥面板上放置道砟槽、道砟,道砟上设置混凝土桥枕和 50kg/m 钢轨,作为轨道交通走行轨道。

轨道纵梁与正交异性板形成“工”字形截面,腹板高度 1 600mm、板厚 20mm,下翼缘板宽度 800mm、厚度为 24mm。轨道梁用高强螺栓与下横梁连接。

10)节点板

主桁采用整体节点板、节点外拼接技术,所有钢构件均采用工厂焊接制造,除钢桥面面板采用现场焊接外,其余全部构件现场均采用高强度螺栓连接,其中主桁采用 M30 高强度螺栓,联结系、行车系采用 M24 高强度螺栓,加劲肋采用 M22 高强度螺栓。

5.2.3 结构变高、变宽的处理

在靠近洪崖洞和湖广会馆的位置,主梁逐渐变宽变高,并由两层桥面变为三层桥面(图 5.5)。标准段的上层主桁延伸为变化段的中层主桁,从分层的位置增加新的上层主桁及横梁,在横断面上形成悬臂结构,并增加斜腹杆,以支撑悬臂伸出的上层主桁及横梁。中间层的横梁支撑在中层主桁与直腹杆的交点位置。通过这一构造变化,钢桁架主梁实现了高度和宽度的变化。

图 5.5 主梁变高变宽段示意图

5.3 板桁组合结构

5.3.1 板桁组合桥梁概述

板桁组合结构包括的组合构件有主桁架、桥面板以及纵梁等。当施加荷载时,由主桁架弦杆、桥面板和纵梁共同承担,共同发挥桥面板、纵梁与主桁平纵联的作用,这样就会提高结构的抗弯以及抗扭刚度,成为大跨径桥梁结构形式中较理想的形式之一。

过去多采用梁与主桁结构分离的方式,一般是纵横梁体系钢桁梁桥面,这样的结构整体性不好,耗材量大。现代钢桁梁已逐渐被正交异形钢桥面板与主桁梁结合的结构所取代,这种结构的桥面板要受弯、受剪,同时还要分担桥面系的一部分纵向拉力作用。应充分了解结构各构件的受力特性和应力分布规律,使钢梁各构件在荷载的作用下维持正常的工作状态,构件在截面内变形协调一致。

20 世纪 60 年代,板桁组合结构的发展才开始。联邦德国在 1962 年建造了世界上第一座钢板桁组合结构的公路桥梁 Fu1datal 桥,它是 7 跨上承式板桁组合结构连续梁桥。此后,欧洲及日本等国家在多种桥梁形式中均采用钢板桁组合结构梁,比如加浪特桥(荷兰)、KleveEmmerich 桥(德国)、岩黑岛大桥(日本)和柜石岛大桥(日本),主梁均采用板桁组合结构。我国在 1997 年建成的青马大桥(公铁两用悬索桥)也是采用板桁组合结构形式的主梁。

板桁组合结构桥梁做成简支、连续、斜拉、悬索等形式,都是一种非常合理的新型桥跨结构,钢桥的发展与钢材技术的突破息息相关。刚桥面板是在

20世纪30年代,伴随钢材的发展、使用和焊接技术等越来越广泛应用,而产生发展的。最初提出采用钢板作为桥面板的美国钢结构协会(AISC)的专家,将横梁作用于主梁上,横梁上搭放纵梁,并将纵梁上翼缘的边缘与钢桥面板之间用角焊缝相连。这样,桥面板就可以与纵梁一同受力,这就是"Battle-deck",钢桥面板的最初形式。20世纪30年代,为了充分发挥钢桥面板的高强、轻质、耐久、经济等优点,德国率先开始研究用钢桥面板来代替混凝土桥面板。1934年,建成了世界上第一座钢桥面板桥——Feldcoeg桥,是一座连续板梁。Feldcoeg钢桥面板与Battledec钢桥面板相比,前者更加符合桥梁结构的需要,因为该结构的桥面板是作为横梁和纵梁的共同上翼缘,纵、横方向均受力。而Battledeck钢桥面板只作为钢纵梁的上翼缘,仅参与纵梁的纵向受力。Feldcoeg钢桥面板和横梁、纵梁相焊接,横梁和纵梁相互嵌入,因而梁的结构高度比Battledeck低,相应于高度自重也轻了许多,所以Feldcoeg钢桥可以看成现代钢桥的起源。

联邦德国在1957年建成了世界上第一座采用钢桥面板结构的斜拉桥——Duesseldorf-North桥;加拿大温哥华在1964年建成了世界上第一座采用钢桥面板结构的中承式系杆拱桥——Port Mann桥;日本在1999年建成了世界上跨径最大的梁桥——明石海峡大桥,主跨径1 991m。欧洲采用正交异性钢桥面板建成各类形式的桥梁,数量已超过1 000座。另外,新式可活动桥梁大部分都使用正交异性钢桥面板,日本已经有250余座桥梁使用正交异性钢桥面板结构,北美有大约100座正交异性钢桥面板的桥梁。

我国第一座板和桁梁组合结构,采用正交异性桥面板的桥梁是广东肇庆西江大桥,上部结构的跨径是5×144m,连续梁有上、下两层,钢桥的三角形桁架节间长度为12m,上层公路桥面是正交异性钢桥面板,下层铁路桥面是纵横梁及其平联体系。采用轻型钢正交异性桥面板,在结构中不但可以用做路面承重,而且可以和主桁弦杆共同承担外部荷载的作用,发挥着混凝土桥面板和主桁平纵联的双重作用。钢桥面板大大地减轻了弦杆负担的作用,并与其共同承担桥梁结构弯曲产生的作用。桥面板也提高了整体结构的抗弯刚度、抗扭刚度及动力性能，并且能够减轻结构自重，对改善路面的连续性也有很大的帮助。

5.3.2 两江大桥板桁组合设计

重庆市东水门长江大桥和千斯门嘉陵江大桥为单索面部分斜拉桥，两座桥梁均采用半漂浮体系，主梁采用钢桁架与正交异性钢板相结合的形式，桁架梁构造复杂，各构件应力分布规律不明确。因此在斜拉索水平分力作用下，桥面板、中纵梁及桁架之间顺桥向应力的分布规律应予以高度重视。板桁结构全钢桥作为一种新结构，在斜拉索的作用下，各构件的应力分布特征、索力的传递、其值在各构件的分配特点等都难以确定。

1）上层桥面板

上层桥面板有钢正交异性板和混凝土板两种，相应地，其与桁架组合分为正交异性钢板桁组合体系和混凝土叠合板桁组合体系两种。混凝土板还分成混凝土桥面板只与上弦杆连接（形式1）、混凝土桥面板与上弦杆和上横梁一起连接（形式2）两种。其优缺点见表5.2。

上层桥面结构形式对比表　　表5.2

桥面板形式	钢正交异性板	混凝土板（形式1）	混凝土板（形式2）
受力特点	共同受力	共同受力	共同受力
优点	板桁为同种材料，不存在材料连接的差异；自重较轻	板桁组合受力明确；上部结构造价低；主梁刚度较大，挠度小，其结构重力刚度增大，活载非线性变形小	桥面板为双向板，板厚可以减小，上部结构造价略低；主梁刚度较大，挠度小，其结构重力刚度增大，活载非线性变形小
缺点	钢材用量较多，上部结构造价增加；钢桥面铺装技术要求较高，需特别处理，并会增加造价	自重较大，需要较多的平衡重；混凝土收缩徐变导致应力重分布；施工工序增多	自重较大，需要较多的平衡重；混凝土收缩徐变导致应力重分布；板的受力较复杂
实例	菜园坝大桥、大胜关桥	厄勒滋大桥	芜湖长江大桥

2)下层桥面板

下层桥面板有纵横梁体系、混凝土板和钢正交异性板[有砟及整体式道床(形式1)、树脂轨枕(形式2)]3种,其优缺点见表5.3。

下层桥面结构形式对比表 表5.3

桥面板形式	纵横梁体系	混凝土板	正交异性板	
			(形式1)	(形式2)
受力特点	轨枕下设置小纵梁,上铺轨枕,只参与局部受力	轨道梁纵桥向搁置在上横梁(固结或支座连接)	共同受力	共同受力
优点	构造简单;自重较小;受力明确	构造简单;自重较小;受力明确	自重较小,增大桁梁竖向和平面刚度	自重较小,增大桁梁竖向和平面刚度
缺点	轨道运营噪声大;养护困难	自重较大,下横梁受力大且复杂(弯、剪、扭);后架梁需要特殊机械	用于轨道交通,钢桥面板上需铺设道砟或铺混凝土面层,增加额外自重;用钢量大	用于轨道交通,钢桥面板上需铺设纵梁或垫块、用树脂轨枕减轻自重,节约钢材
实例	南京大桥、武汉长江大桥、南京大胜关城市轨道部分	厄勒淞大桥引桥	南京大胜关高铁部分、郑州黄河桥	—

经过比选,上层桥面选择正交异性钢桥面板桁组合体系,下层桥面选择纵横梁体系。

5.3.3 理论分析与试验结果

钢桁架与正交异性钢板相结合的结构是一种新型结构,应用较少,研究这种新结构的理论还不成熟,各国规范也涉及不多,对它受力特性的了解还不太全面。

为此,设计者围绕两江大桥单索面、两片桁、索力十分巨大的特点,对正交异性钢桥面板与钢桁架的组合受力问题开展了详细的研究工作。

研究工作采用理论计算与实桥测试相结合的方式进行。

1)理论计算分析方法

选取桁架的7号拉索至9号拉索之间的3个节段为分析对象,采用通用有限元软件 Midas FEA 建立三维实体模型进行有限元分析计算,有限元模型如图5.6所示。

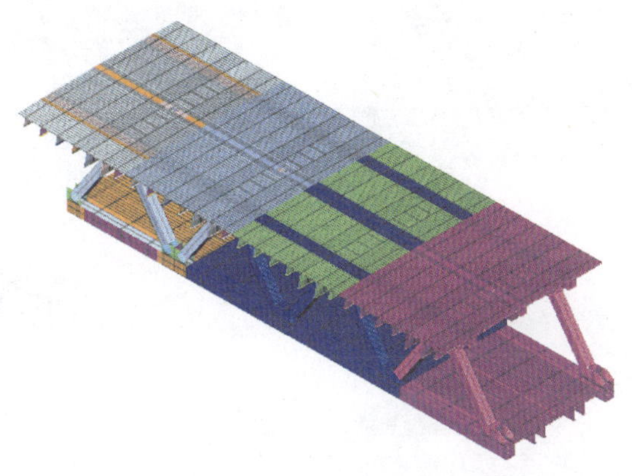

图5.6 理论分析有限元模型

根据桥梁的受力特点和关键问题,本文主要关注索力的水平向传力分布,因此,计算主要分析构件的水平向传力规律。理论计算的计算内容包括桥面板、横梁、中纵梁、上悬杆等构件的应力分析,从中找到索力水平分力的传递规律。

2)实桥测试方法

选取与理论分析相对应的7号拉索至9号拉索之间的3个节段为实测对象。实桥测点的布设位置如图5.7所示,各构件传感器安装如图5.8所示。

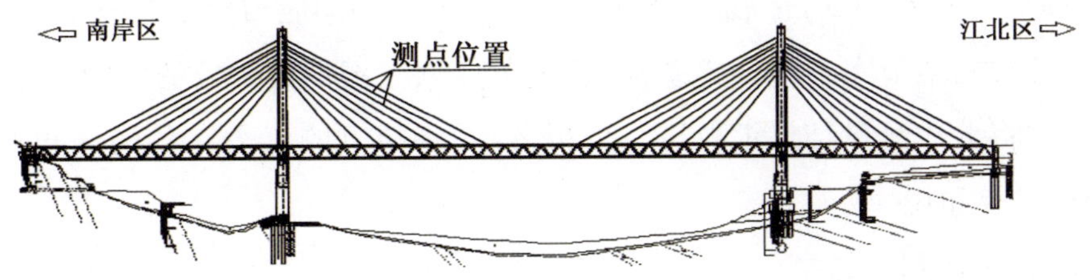

图5.7 实桥测点的布设位置示意图

图 5.8　各构件传感器安装

试验测试主要有以下内容：

(1)在上下桥面板布设传感器，测量上下桥面板的顺桥向应力分布特点，分析施工阶段斜拉索的索力在上下桥面板产生的应力分布规律。

(2)分别在结构的小纵梁(或轨道梁)、加劲肋、主桁上下弦杆等构件上布设顺桥向传感器，测量斜拉索的水平分力在各构件间的应力分布大小和规律。

(3)在桁架节点上布设传感器，测量节点处关键受力部位的应力大小。

(4)将上述测量结果汇总进行分析，说明斜拉索的索力在各构件间的应力分布大小和规律。

3)分析及测试结果

通过理论分析和实桥测试，正交异性钢桥面板与钢桁架组合结构的传力特点如下：

（1）上层构件受力相对集中，下层桥面构件应力分布均匀，值较小。结构的索力沿顺桥向、横桥向方向扩散，分布逐渐均匀。

（2）横梁对应力横向传递和分布的影响不可忽视，在横梁与桥面板及加劲肋结合的位置应力复杂，由于横梁起到内力重分布作用，桥面板和加劲肋的应力在横梁位置有局部范围的减小。

（3）索力在桥面板上的分配比例从3m到17.5m逐渐增加，而17.5m后桥面板的分配比例趋于稳定，整个节段分配比例的范围是28.21%～60.72%，因此，桥面板为承担水平力最大的构件，所占的比例先减小，后增大再减小，最后趋于稳定，平均约占40%。桥面板的纵向加劲肋，承担14.30%～20.52%，分配比例较稳定，变化幅度较小，最后其分配比例稳定在约17%；中纵梁的比例最大达到39.13%，其所受水平力仍然呈逐渐增大的趋势，而比例却逐渐减小，到12%左右就不再有大幅的变化；上弦杆的分配比例先增大后减小再增大，是呈波浪变化的，在上层节段的中间位置所占比例较大，最高达32.5%，而在节点的位置，分配比例较小，最小为10.52%。

（4）正交异性钢桥面板应力值随着与拉索距离的增大而减小，说明索力的水平分力向前传递，逐渐减小。拉索的水平分力在桥面板上的分配比例逐渐增加，在当前的节段上最高达到4.8%，分配最少，下个节段时比例增大达到27.4%～36.26%，其比例值与上弦杆相当；上弦杆在当前节段比例最大达到45.6%～58.61%，下个节段时比例为33.4%～40.6%，是受力比例最大的构件；中纵梁所占的比例随距离的增大而减小，最后基本稳定在16%左右，桥面板加劲肋最后趋于15%。构件的水平力分配上弦杆承担最多，然后是桥面板，中纵梁承担的比例大于纵向加劲肋。

由以上的理论分析和测试结果可以看出，结构的纵向传力体系是相对安全的，各构件的应力水平均处于合理状态。正交异性钢桥面板、中纵梁、加劲肋、主桁架共同形成整体，参与拉索水平力的分配和传递，并根据与拉索的距离不同而调整其内部分配比例。

受制于时间和投入的限制,试验测试仅针对结构施工的 3 个阶段开展,测试内容也仅限于顺桥向应力。

5.3.4 对板桁温差效应的关注

在重庆朝天门大桥钢桁结构的安装及控制过程中,首次发现了特大跨钢桁桥梁板桁的温差问题。板桁结合结构钢桥在日照作用下,因桥面板和主桁升温速度不同而存在较大的温差,这种温差的存在对桥面板与桁架连接部位以及横梁与桁架连接的部位造成不利的影响。朝天门大桥通过采用部分板桁结合方法,成功地解决了特大跨径钢桁拱桥温度的设计问题,形成了板桁温差分析理论与方法,弥补了世界桥梁建设在认识上的空白,使桥梁结构的可靠性和耐久性得到保障。

两江大桥应用了上述成果,关注了板桁温差效应,对板桁结合的钢结构桥梁进行了局部分析。结果表明(以东水门大桥主桥为例):桥面板应力主要影响位置在横梁两侧的 0.3m 内,其应力符号相反;温差 19 ℃时,引起的板应力最大为 2.9MPa,横梁剪应力在 22.8MPa 左右波动;温差 30 ℃ 时,应力 5.35MPa,剪应力高达 32.52 MPa。根据结构钢材考虑的温差,东水门大桥主桥结构目前考虑的温差效应是安全的。在施工拼装的过程中,应严格控制局部温差,避免温差应力对结构造成危害。

5.4 索梁锚固

两江大桥为稀索体系单索面部分斜拉桥,桥梁选择采用两片桁架后,索力巨大,运营阶段的最大索力接近 16 000kN,为目前世界上最大的斜拉桥索力,因此,锚固构造显得更加重要。拉索只能够锚固于一根强大的横梁,并通过横梁将索力传递给两侧的桁架,锚固构造及传力路径将非常复杂。

两江大桥索梁锚固的主要设计思路为:斜拉索桁梁锚点整体设计为锚箱式传力结构,斜拉索水平分力由锚箱和中纵梁的传递,经桥面板扩散至上弦杆由主桁架体系传至基础;竖向分力由锚箱分配至两片拉索横梁,并由其以弯曲和剪切方式传递至主桁大节点,由主桁架体系传至基础。

桁梁锚点由如下构件单元类别组成:锚箱、拉索横梁、承压板、锚管及传力板。

1)锚箱

锚箱由 2 片 I 形板件经高强螺栓与桥面板连接而组合成开口的箱形断面,I 形板间距为 860mm,顺接中纵梁锚箱高度由 1 000mm 过渡到 2 200mm,厚为 40mm,上翼板 280mm × 32mm,下翼板 300mm × 50mm。锚箱由高强螺栓与中纵梁连接成整体。主梁钢锚箱构造如图 5.9 所示。索梁锚固构造附件构件如图 5.10 所示。

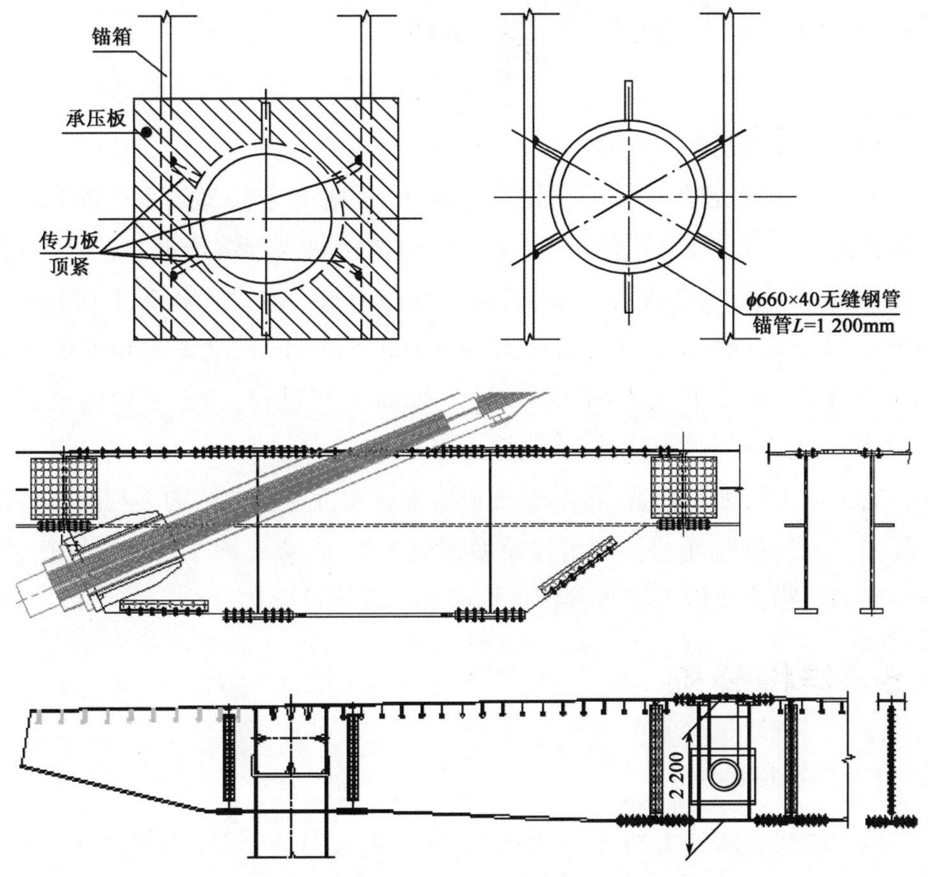

图 5.9 主梁钢锚箱构造示意图(尺寸单位:mm)

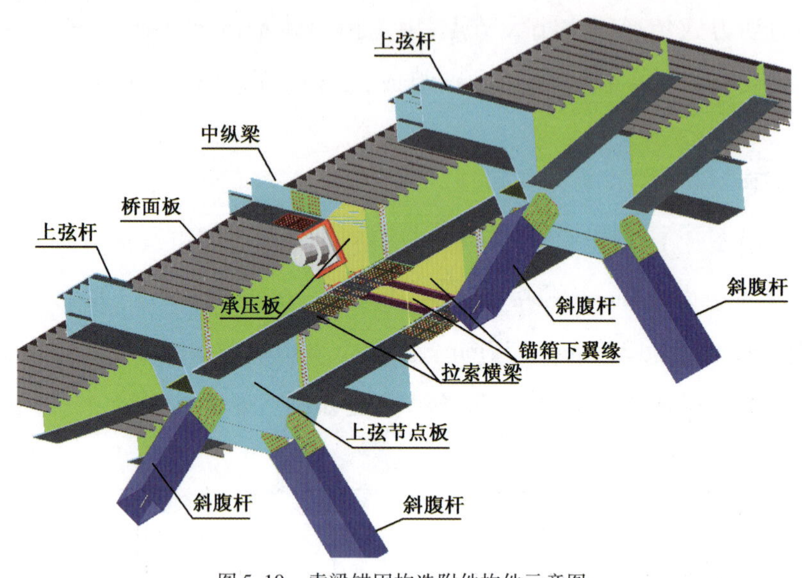

图 5.10 索梁锚固构造附件构件示意图

2）承压板、锚管及传力板

承压板、锚管及传力板是斜拉索力最直接的接触和传递体系。锚头将索力通过接触的方式压在承压板上；承压板与锚箱及锚管熔透焊接，与传力板接触顶紧，承压板传递索力于锚箱、锚管及传力板上。承压板为 1 140mm × 100mm × 1 140mm 的厚钢板；锚管为 ϕ660mm × 40mm、长度 1 200mm 的无缝钢管；4 片传力板为长度 1 200mm、厚度 30mm 的板件，传力板主要传递剪应力，采用焊接方式分别与锚箱和锚管连接。

通过以上的细节构造，将由于景观效果对大桥造成的结构不利降低到影响最小。三维有限元分析和足尺模型试验表明，索梁锚固系统的钢锚箱、横梁、承压板、锚管及传力板等各构件均能够满足规范要求。

5.5 结构分析

5.5.1 计算模型

以千厮门嘉陵江大桥主桥为例，采用有限元分析程序 Midas Civil 2006（V7.41 Release No.1）建立整体空间有限元模型，进行整体静力和动力分析。整体静力计算模型空间示意图如图 5.11 所示。

图 5.11 整体静力计算模型空间示意图

整体计算模型共有节点 6 685 个，单元 11 528 个。建模分析过程中，对于弦杆、腹杆、横梁、边纵梁和桥塔等采用三维梁单元模拟，斜拉索采用桁架单元模拟，上下层桥面板采用板单元模拟。通过设置刚性杆件模拟中弦杆与斜拉索、桥塔与锚梁、弦杆与横梁、桥塔与斜拉索之间的连接。各个构件截面特性按照结构的实际尺寸进行取值。

主桥各部位边界条件，根据结构实际情况进行模拟（表 5.4）。

成桥阶段主桥整体模型约束情况表 表 5.4

结构部位		支承类型	U_X	U_Y	U_Z	ROT_X	ROT_Y	ROT_Z
0 号桥台顶	上游侧	单向活动支座(DX)	0	1	1	0	0	0
	下游侧	双向活动支座(SX)	0	0	1	0	0	0
1 号桥墩顶	上游侧	单向活动支座(DX)	0	1	1	1	0	0
	下游侧	双向活动支座(SX)	0	0	1	1	0	0
2 号塔塔底		与承台固结	1	1	1	1	1	1
3 号桥墩顶	上游侧	单向活动支座(DX)	0	1	1	0	0	0
	下游侧	双向活动支座(SX)	0	0	1	0	0	0
4 号桥台顶	上游侧	单向活动支座(DX)	0	1	1	0	0	0
	下游侧	双向活动支座(SX)	0	0	1	0	0	0

注：X 方向为顺桥向，Y 方向为横桥向，Z 方向为竖向，0 为放松，1 为约束。

桥塔通过牛腿支撑主梁。上游侧牛腿放置固定支座（GD），下游侧放置单向活动支座（DX），滑动方向为横向。

根据结构体系形成过程及设计图纸，按施工步骤，并充分考虑桥塔在使用过程中的混凝土收缩徐变、斜拉索张拉引起的结构弹性压缩、体系转换所引起的效应等因素。

5.5.2 主结构验算成果

1)拉索初张索力

根据计算模型和设计技术要求,拉索初张力及成桥恒载内力见表5.5,索力示意图如图5.12所示。

拉索初张力及施工阶段的恒载索力结果(单位:kN) 表5.5

位置	拉索单元号	初 张 力	后 期 调 索	上二期恒载
渝中区侧	10010	10 900	1 686	12 751
	10009	10 800	1 349	12 736
	10008	9 700	1 912	12 654
	10007	9 500	1 458	12 481
	10006	8 600	1 657	12 282
	10005	8 100	1 437	12 080
	10004	7 100	1 704	11 877
	10003	6 500	1 557	11 671
	10002	5 100	2 198	11 465
	10001	3 500	3 047	11 264
江北侧	10011	3 500	4 278	11 672
	10012	5 100	3 366	11 878
	10013	6 500	2 612	12 072
	10014	7 100	2 613	12 260
	10015	8 100	2 108	12 378
	10016	8 600	1 955	12 384
	10017	9 500	1 335	12 362
	10018	9 700	1 360	12 325
	10019	10 800	440	12 287
	10020	10 900	474	12 261

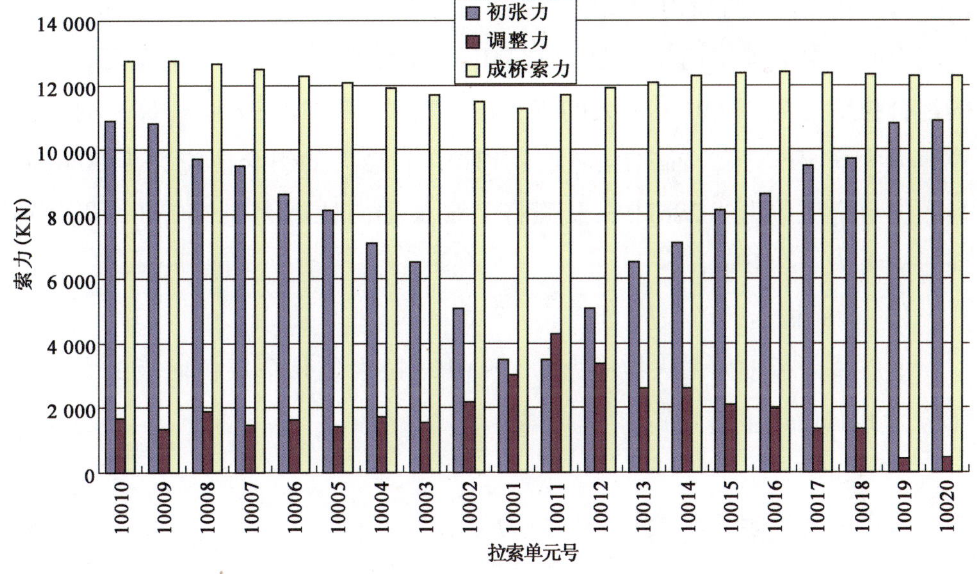

图 5.12　索力示意图

2)施工阶段分析结果

(1)主塔成桥阶段内力及应力

主塔塔底成桥阶段最大轴力为 622 160kN,纵向最大弯矩为14 128.3kN · m;主塔全截面受压,最大压应力为 12.5MPa。

(2)桁架成桥阶段内力及应力

上弦杆最大的轴向拉应力为 99MPa,最大轴向压应力为 96MPa,最大的组合拉应力为 152MPa,最大的组合压应力为 134MPa;下弦杆最大的轴向拉应力为 24MPa,最大轴向压应力为 109MPa,最大的组合拉应力为 50MPa,最大的组合压应力为 216MPa;斜腹杆的最大轴向拉应力为 113MPa,最大轴向压应力为 123MPa,最大的组合拉应力为 148MPa,最大的组合压应力为 161MPa。

3)运营阶段分析结果

(1)主塔运营阶段内力及应力

主塔塔底运营阶段最大轴力为 642 276kN,纵向最大弯矩为529 697kN · m,横向最大弯矩为 530 786kN · m;主塔全截面受压,最大压应力为 15.3MPa。

(2)桁架运营阶段内力及应力

上弦杆最大的轴向拉应力为137MPa,最大轴向压应力为121MPa,最大的组合拉应力为212MPa,最大的组合压应力为181MPa;下弦杆最大的轴向拉应力为60MPa,最大轴向压应力为131MPa,最大的组合拉应力为90MPa,最大的组合压应力为226MPa;斜腹杆的最大轴向拉应力为150MPa,最大轴向压应力为160MPa。

(3)桥面板运营阶段应力

上层桥面板轴向最大拉应力为199MPa(拉索处),下层桥面板最大轴向压应力141MPa(主塔处)。

(4)支座反力

墩台反力见表5.6;桥塔竖向反力见表5.7。

墩台反力表(单位:kN) 表5.6

荷载	AO桥台		P1桥墩上游		P3桥墩上游		A4桥台	
	上游	下游	上游	下游	上游	下游	上游	下游
恒载	1 971	1 970	31 531	31 365	10 107	9 941	5 662	5 623
横桥向风荷载	-103	103	-618	618	-397	396	-160	161
横向摆力	2	-2	-17	17	5	-5	1	-1
汽车(最大)	1 745	1 506	5 936	5 051	4 006	3 553	1 235	863
汽车(最小)	-1 299	-1 397	-632	-697	-1 350	-1 401	-700	-786
汽车制动力	-18	-27	50	24	-69	-56	26	33
桥面板降温	-389	-389	599	600	578	494	-328	-272
桥面板升温	1 061	1 060	-1 401	-1 404	-1 327	-1 173	940	837
桥塔梯度降温	12	12	-31	-30	44	44	-11	-11
桥塔梯度升温	-12	-12	31	30	-44	-44	11	11
轻轨(最大)	1 097	1 096	3 163	3 164	2 960	2 962	997	996
轻轨(最小)	-927	-927	-468	-471	-1 003	-1 001	-700	-697
轻轨制动力	-4	-8	24	16	-14	-15	6	6
人群(最大)	126	127	1 936	1 934	1 402	1 422	189	172

续上表

荷　载	AO 桥台		P1 桥墩上游		P3 桥墩上游		A4 桥台	
	上游	下游	上游	下游	上游	下游	上游	下游
人群(最小)	-562	-562	-446	-449	-685	-663	-341	-354
水压力	0	0	7	-7	7	-7	1	-1
整体降温	-346	-346	842	840	750	765	-163	-174
整体升温	346	346	-842	-840	-750	-765	163	174
纵桥向风荷载	56	56	-167	-166	207	206	-26	-25

注:"+"表示压,"-"表示拉。

桥塔竖向反力表　　表 5.7

	荷载	纵桥向剪力(kN)	横桥向剪力(kN)	轴力(kN)	面外弯矩(kN·m)	面内弯矩(kN·m)	扭矩(kN·m)
桥塔底部	恒载	0	-130	622 160	9 978	-14 128	-17
	桥向风荷	0	-4 916	-1	476 905	74	280
	横向摆力	0	-89	0	5 533	0	56
	汽车(最大)	0	22	12 442	26 833	58 335	61
	汽车(最小)	0	-38	-139	-37 459	-30 993	-68
	汽车制动力	-1 656	-5	38	293	-133 275	3
	桥面板降温	0	-6	-895	584	2 864	-4
	桥面板升温	0	10	1 406	-953	-4 035	8
	塔梯度降温	0	2	-30	-124	23 209	-126
	塔梯度升温	0	-2	30	124	-23 209	126
	轻轨(最大)	0	4	6 269	6 494	44 932	20
	轻轨(最小)	0	-15	-129	-5 478	-30 900	-25
	轻轨制动力	-504	-16	-12	1 033	-40 695	9
	人群(最大)	0	22	6 284	23 088	25 852	44
	人群(最小)	0	-29	0	-22 736	-14 613	-44
	水压力	0	7 264	0	-171 892	-25	-2
	整体降温	0	-2	-2 168	92	8 101	1
	整体升温	0	2	2 168	-92	-8 101	-1
	桥向风荷	-5 599	0	-143	5	-450 402	0

注:"+"表示压,"-"表示拉。

(5)支座位移

支座纵向位移见表5.8。

支座纵向位移表 表5.8

位置	荷载	纵向(m)	位置	荷载	纵向(m)
洪崖洞侧下游	活+升温(最大)	−0.130	洪崖洞侧上游	活+升温(最大)	−0.130
	活+升温(最小)	−0.162		活+升温(最小)	−0.162
	活+降温(最大)	0.166		活+降温(最大)	0.166
	活+降温(最小)	0.134		活+降温(最小)	0.134
大剧院侧下游	活+升温(最大)	0.136	大剧院侧上游	活+升温(最大)	0.136
	活+升温(最小)	0.102		活+升温(最小)	0.102
	活+降温(最大)	−0.097		活+降温(最大)	−0.097
	活+降温(最小)	−0.131		活+降温(最小)	−0.131

(6)主桁刚度

主桁刚度指标见表5.9。

主桁刚度指标表 表5.9

活载作用下竖向挠度	最大上挠	0.058m	最大挠跨比:0.283/312 = 1/1 102	容许值:<1/600
	最大下挠	−0.225m		
活载作用下竖向转角	最大转角	1.21‰		<3.0‰
	最大转角	−0.37‰		> −1.5‰
荷载作用下横向位移	最大值	0.037m	比值:0.037/312 =1/8 432	<1/1 200
荷载作用下桥墩横向转角	最大值	0.14‰		<3‰
横桥向自振频率	第一阶	0.563		>0.288

结论为刚度指标满足相关规定。

4)结构稳定性计算

采用大型结构通用有限元程序对千厮门嘉陵江大桥成桥阶段进行了结构稳定屈曲分析。在屈曲分析中,主要利用结构在弹性稳定阶段的几何刚度矩阵[***KG***]与荷载矩阵[***F***]成线性关系这一原理,也就是随着结构外荷载的增加,结构刚度也随着增加,其增加倍数与外荷载的增加倍数相同,即可获得该结构的弹性稳定安全系数。$\{[\boldsymbol{KD}]+\lambda[\boldsymbol{KG}]\}\{\delta\}=\lambda[\boldsymbol{F}]$,当结构达到临界失稳时的 λ 值,即为结构的稳定安全系数。成桥阶段整体结构弹性屈曲安全系数为 30.30,失稳模态为桁架扭曲失稳。

5.5.3　抗震分析

1)E1-纵桥向+竖向-桥塔内力

E1 地震荷载纵桥向+竖桥向作用桥塔内力如图 5.13 所示。

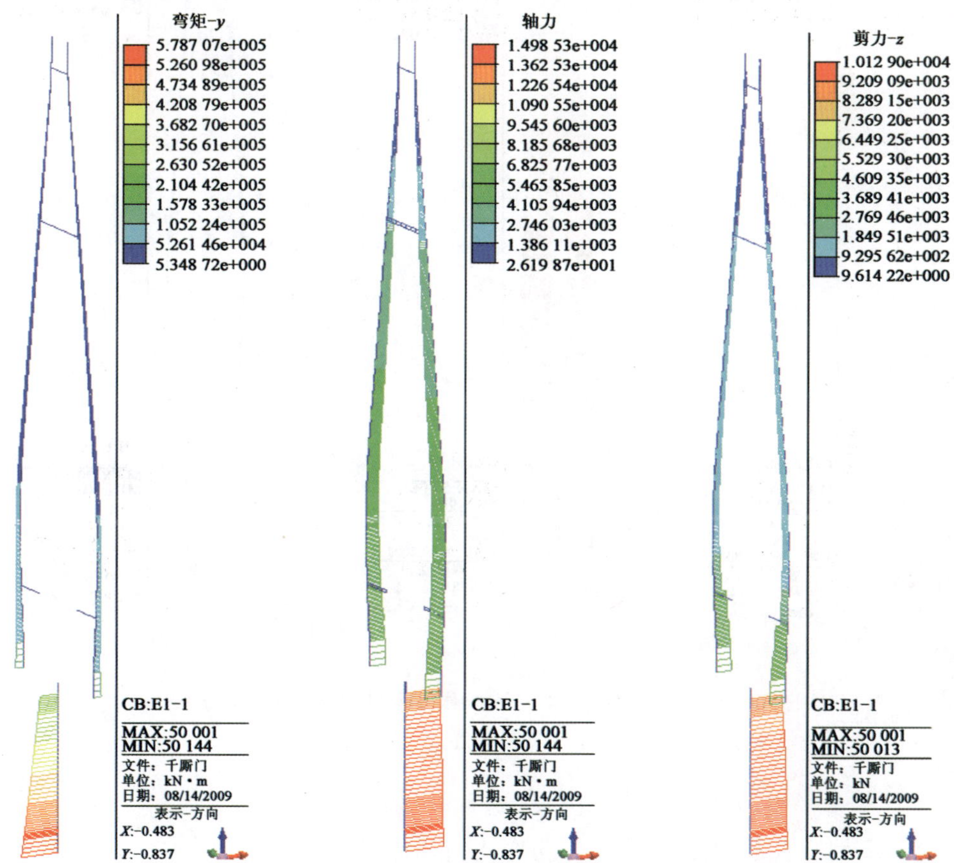

图 5.13　E1 地震荷载纵桥向+竖桥向作用桥塔内力图(单位:kN、kN·m)

2）E1-横桥向+竖向-桥塔内力

E1 地震荷载横桥向+竖桥向作用桥塔内力如图 5.14 所示。

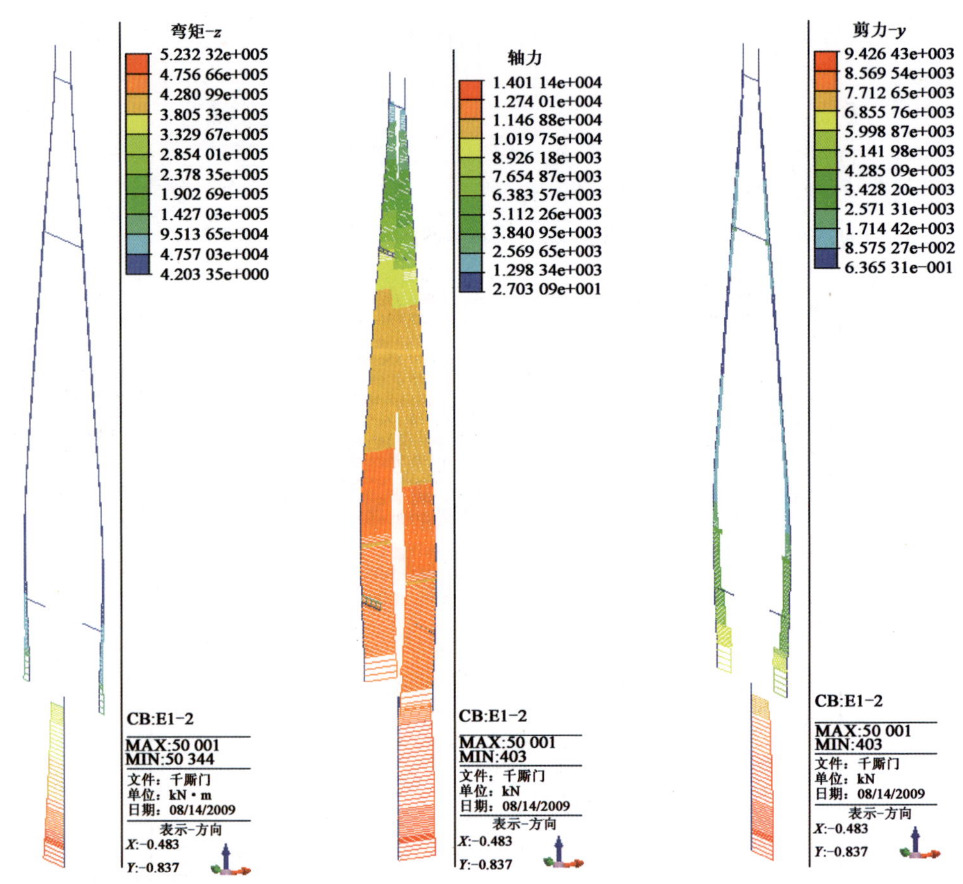

图 5.14 E1 地震荷载横桥向+竖桥向作用桥塔内力图（单位：kN、kN·m）

3）E2-纵桥向+竖向-桥塔内力

E2 地震荷载纵桥向+竖桥向作用桥塔内力如图 5.15 所示。

4）E2-横桥向+竖向-桥塔内力

E2 地震荷载横桥向+竖桥向作用桥塔内力如图 5.16 所示。

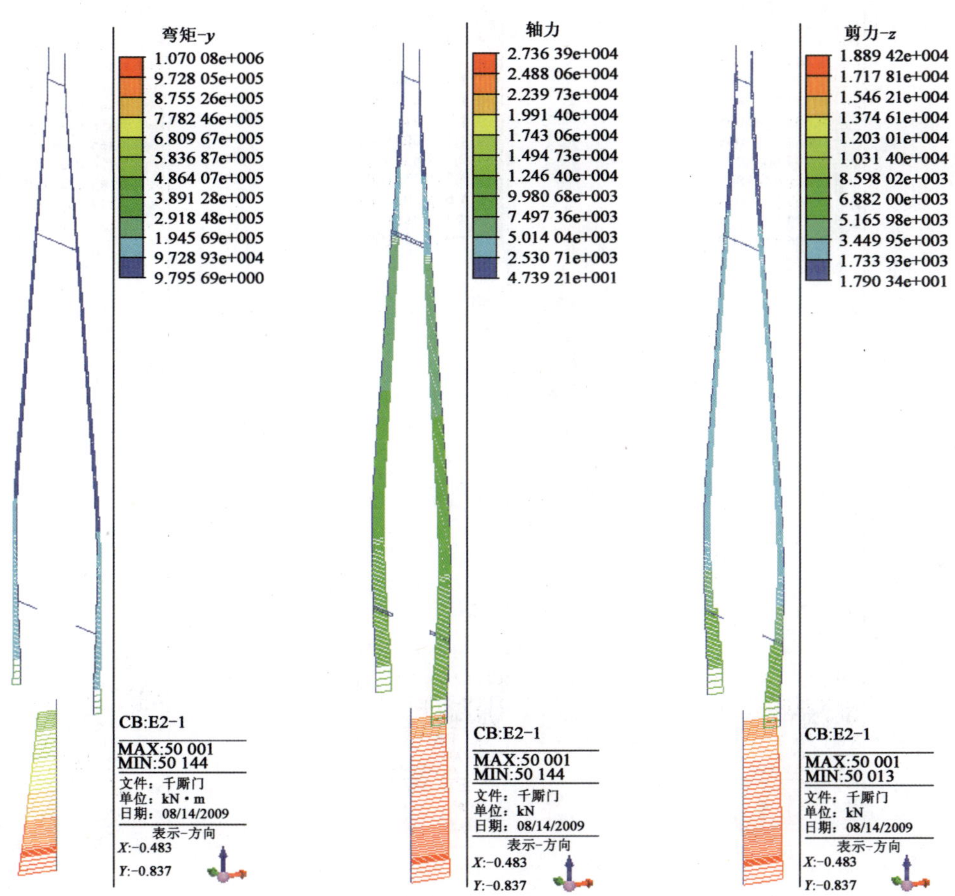

图 5.15　E2 地震荷载纵桥向 + 竖桥向作用桥塔内力图(单位:kN、kN · m)

结论为在地震力之作用下,结构的承载能力能够满足要求。

5.5.4　车桥耦合振动分析与行车舒适度评价

以重庆东水门长江大桥为研究对象,建立车桥耦合动力系统,对其振动响应及行车舒适度进行研究。采用多刚体结构模拟车辆,空间杆系单元模拟桥梁,分别计算桥梁耦合轻轨车、桥梁耦合汽车、桥梁耦合轻轨车及汽车的动力响应,并对桥上轻轨车及汽车的行车舒适度做出评价。

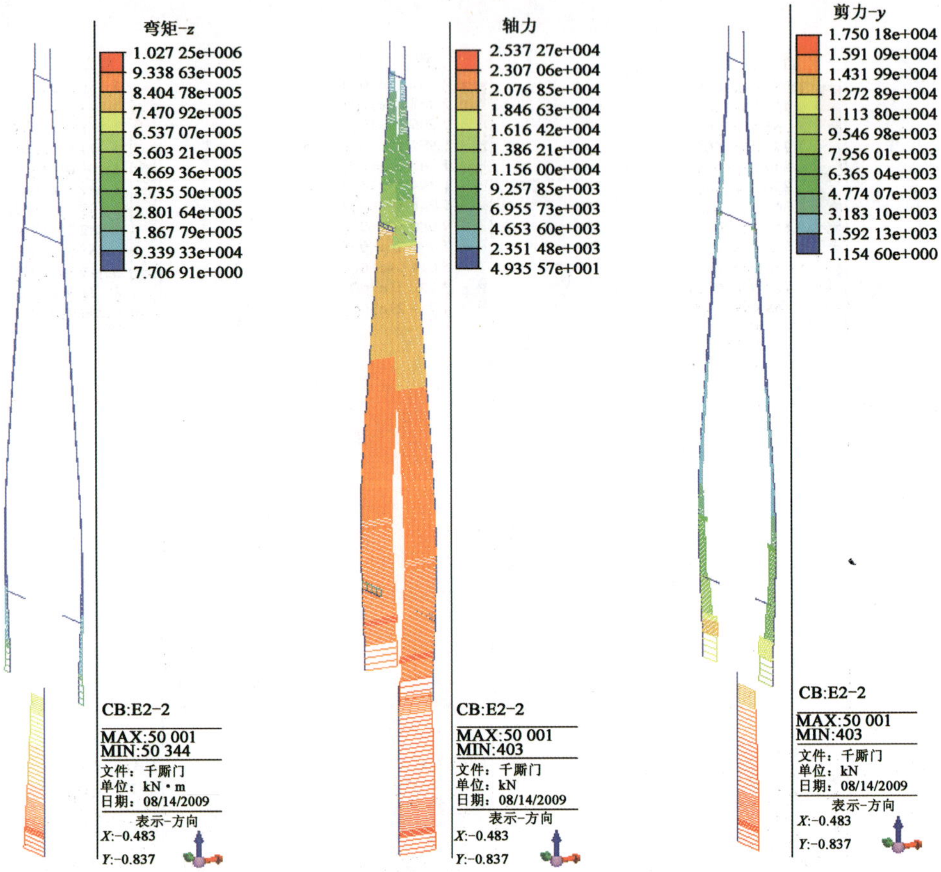

图 5.16　E2 地震荷载横桥向 + 竖桥向作用桥塔内力图(单位:kN、kN · m)

重庆东水门大桥空间有限元分析模型如图 5.17 所示。

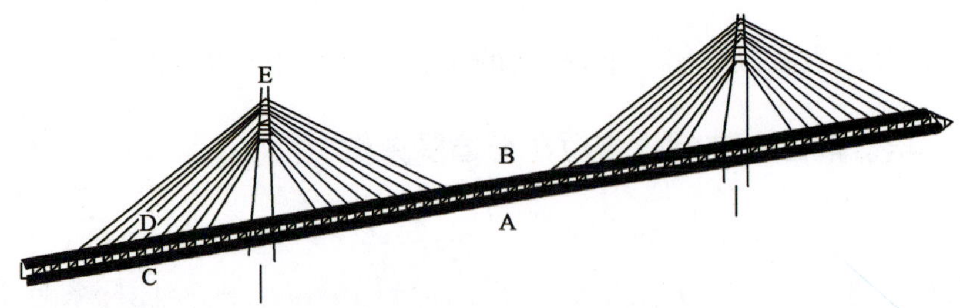

A-主跨跨中左侧下弦节点；B-主跨跨中左侧上弦节点；C-边跨跨中左侧下弦节点；D-边跨跨中左侧上弦节点；E-主塔左肢塔顶

图 5.17　重庆东水门大桥空间有限元分析模型

重庆东水门大桥第 1 阶振型如图 5.18 所示。

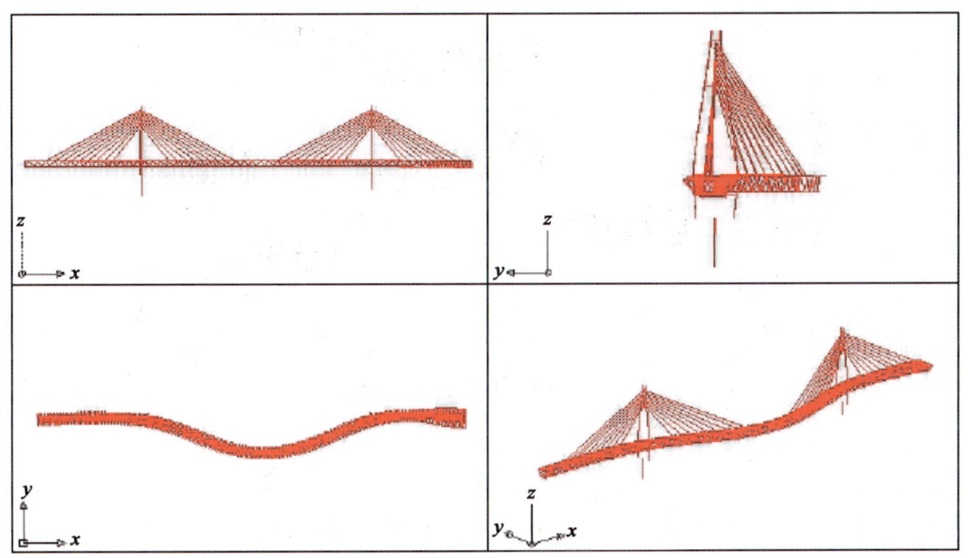

图 5.18 重庆东水门大桥第 1 阶振型

单线轻轨车运行时，第 1 节车的乘坐舒适度，如图 5.19 所示。

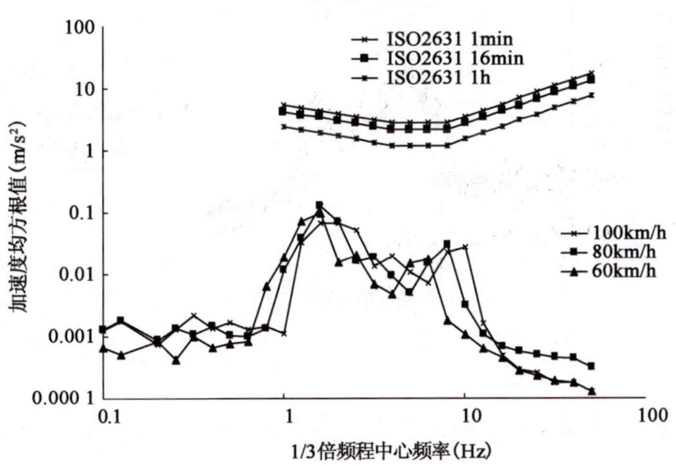

图 5.19 单线轻轨车运行时，第 1 节车的乘坐舒适度

双线轻轨车对开时，左线第 1 节车的乘坐舒适度，如图 5.20 所示。

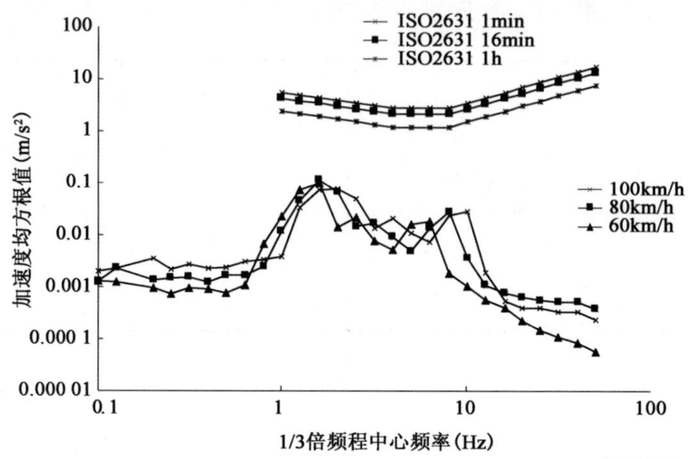

图 5.20 双线轻轨车对开时,左线第 1 节车的乘坐舒适度

单线行车时,第 1 辆汽车的乘坐舒适度,如图 5.21 所示。

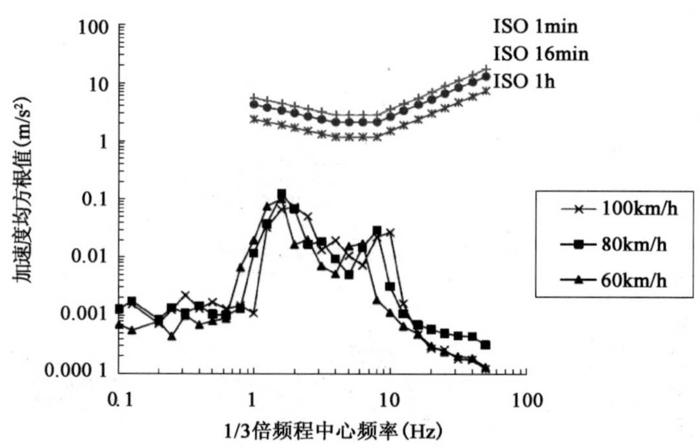

图 5.21 单线行车时,第 1 辆汽车的乘坐舒适度

双线同向行车时,左线第 1 辆汽车的乘坐舒适度,如图 5.22 所示。

结论:

(1)对于桥梁 + 轻轨车耦合工况而言,车桥振动响应一般随着车速提高而增大;双线轻轨车双向对开时,桥梁空间振动响应比单线行车时明显增大,

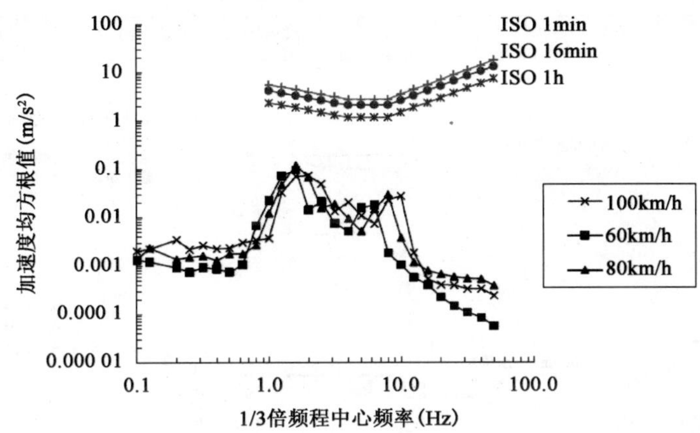

图 5.22　双线同向行车时,左线第 1 辆汽车的乘坐舒适度

但对轻轨车的空间振动响应影响相对较小。

(2)对于桥梁 + 汽车耦合工况而言,车桥振动响应不一定随着车速提高而增大;双线汽车同向行车时,桥梁空间振动响应比单线行车时明显增大,但对汽车的空间振动响应影响相对较小。

(3)对于桥梁 + 轻轨车 + 汽车耦合工况而言,随着汽车荷载的增加,轻轨车的振动加速度有变化;随着轻轨车荷载的增加,汽车的振动加速度也有变化,说明轻轨与汽车荷载会相互影响,开展桥梁 + 轻轨车 + 汽车耦合动力分析是必要的。

(4)行车舒适度评价分析表明,轻轨车、汽车行车均能满足 ISO 2631 标准的舒适度指标要求。

5.6　施工工艺

5.6.1　主桥施工流程

以千厮门嘉陵江大桥主桥为例,其主要施工流程见表 5.10。

千厮门大桥主要施工流程　　表 5.10

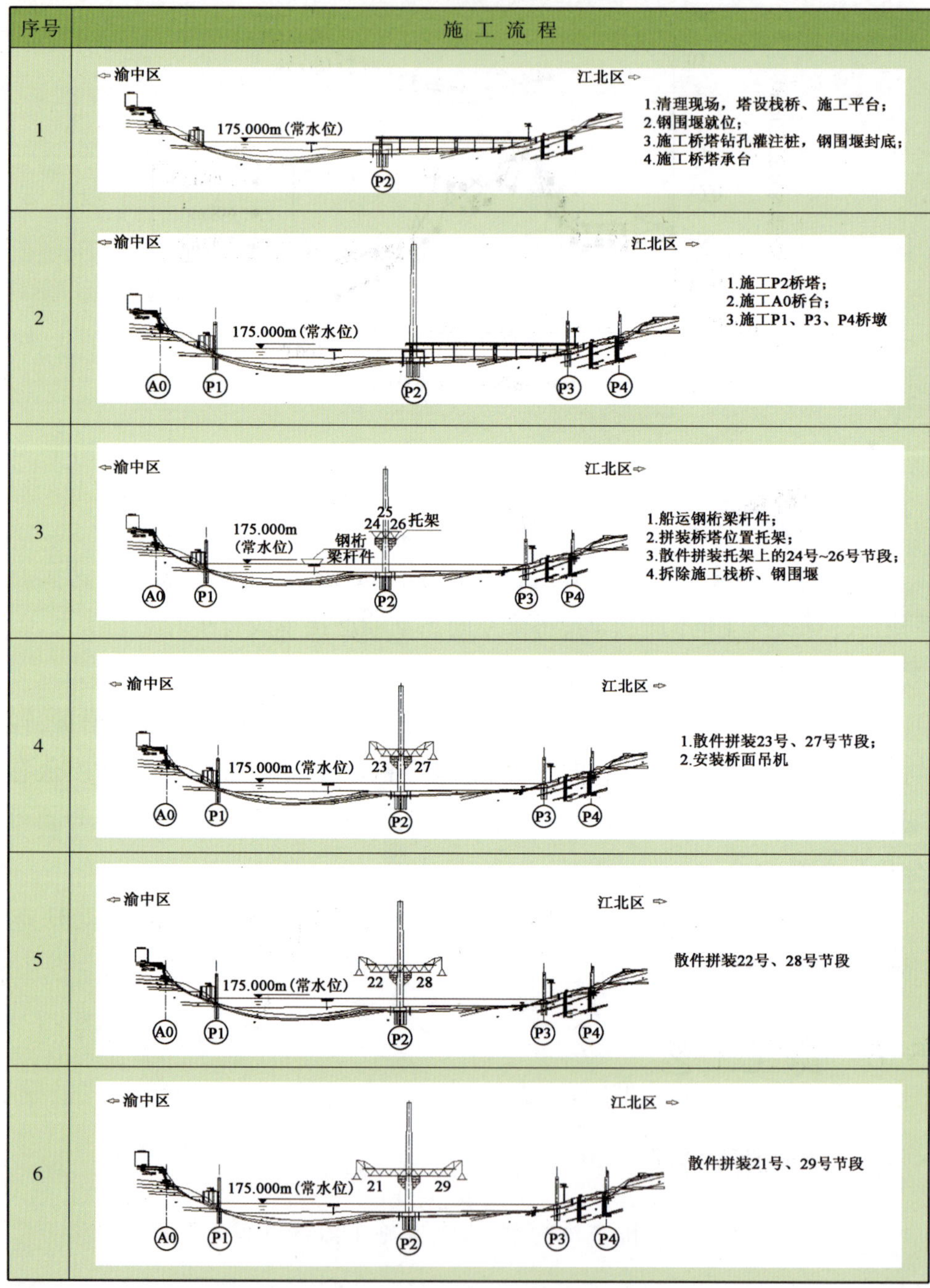

序号	施工流程
1	1.清理现场，塔设栈桥、施工平台； 2.钢围堰就位； 3.施工桥塔钻孔灌注桩，钢围堰封底； 4.施工桥塔承台
2	1.施工P2桥塔； 2.施工A0桥台； 3.施工P1、P3、P4桥墩
3	1.船运钢桁梁杆件； 2.拼装桥塔位置托架； 3.散件拼装托架上的24号~26号节段； 4.拆除施工栈桥、钢围堰
4	1.散件拼装23号、27号节段； 2.安装桥面吊机
5	散件拼装22号、28号节段
6	散件拼装21号、29号节段

续上表

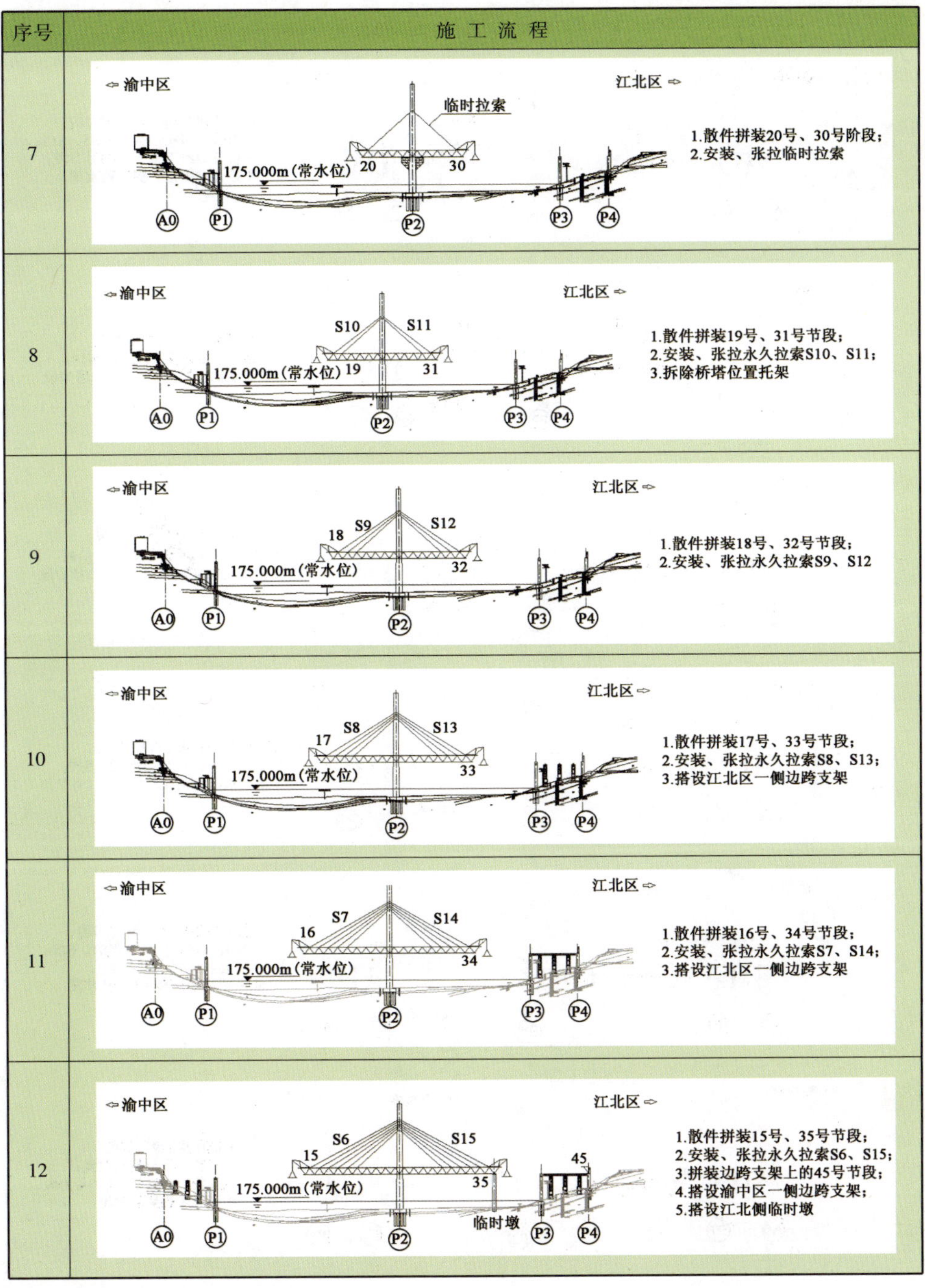

序号	施工流程
7	1.散件拼装20号、30号阶段； 2.安装、张拉临时拉索
8	1.散件拼装19号、31号节段； 2.安装、张拉永久拉索S10、S11； 3.拆除桥塔位置托架
9	1.散件拼装18号、32号节段； 2.安装、张拉永久拉索S9、S12
10	1.散件拼装17号、33号节段； 2.安装、张拉永久拉索S8、S13； 3.搭设江北区一侧边跨支架
11	1.散件拼装16号、34号节段； 2.安装、张拉永久拉索S7、S14； 3.搭设江北区一侧边跨支架
12	1.散件拼装15号、35号节段； 2.安装、张拉永久拉索S6、S15； 3.拼装边跨支架上的45号节段； 4.搭设渝中区一侧边跨支架； 5.搭设江北侧临时墩

续上表

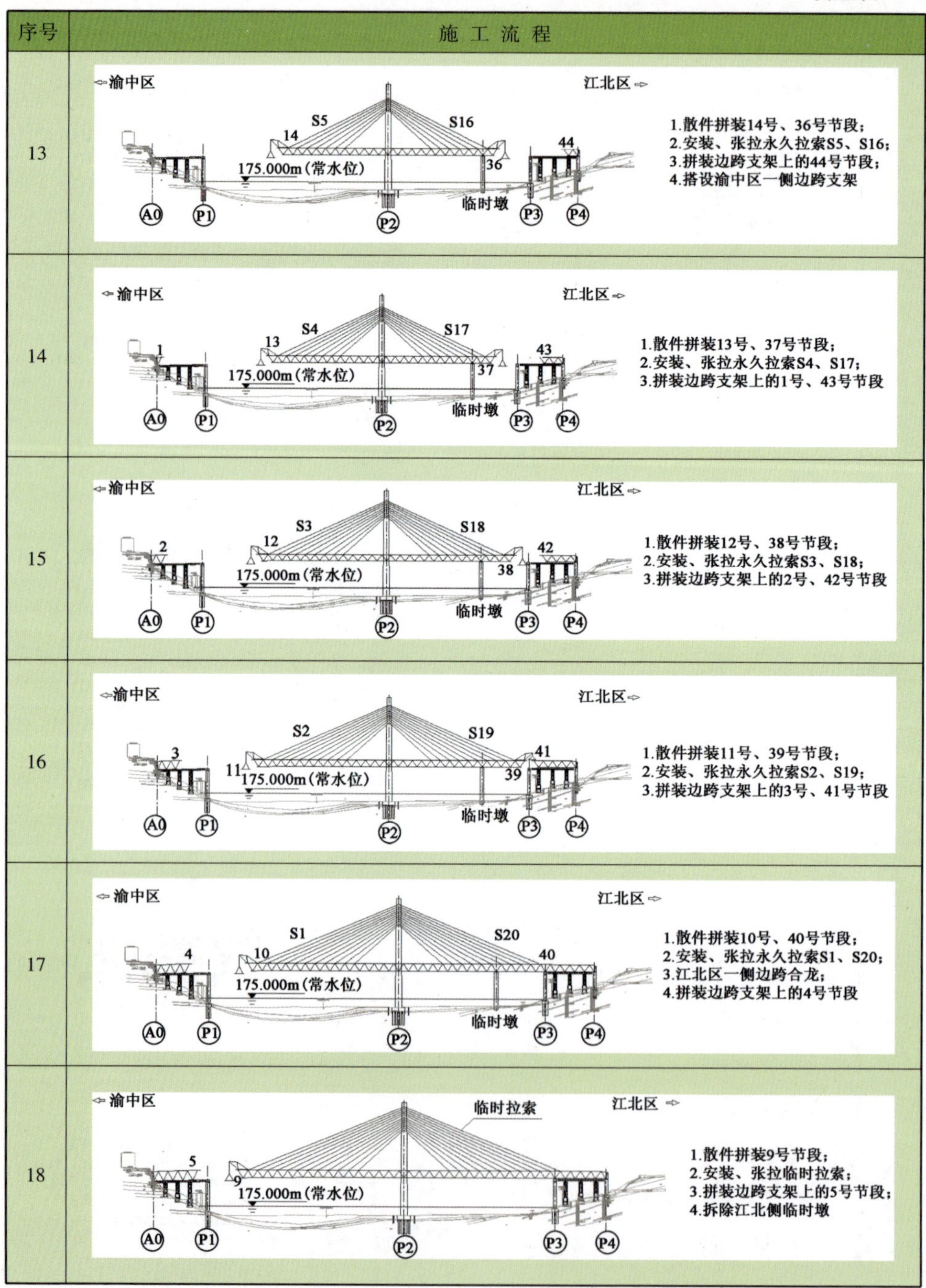

序号	施工流程
13	1.散件拼装14号、36号节段； 2.安装、张拉永久拉索S5、S16； 3.拼装边跨支架上的44号节段； 4.搭设渝中区一侧边跨支架
14	1.散件拼装13号、37号节段； 2.安装、张拉永久拉索S4、S17； 3.拼装边跨支架上的1号、43号节段
15	1.散件拼装12号、38号节段； 2.安装、张拉永久拉索S3、S18； 3.拼装边跨支架上的2号、42号节段
16	1.散件拼装11号、39号节段； 2.安装、张拉永久拉索S2、S19； 3.拼装边跨支架上的3号、41号节段
17	1.散件拼装10号、40号节段； 2.安装、张拉永久拉索S1、S20； 3.江北区一侧边跨合龙； 4.拼装边跨支架上的4号节段
18	1.散件拼装9号节段； 2.安装、张拉临时拉索； 3.拼装边跨支架上的5号节段； 4.拆除江北侧临时墩

续上表

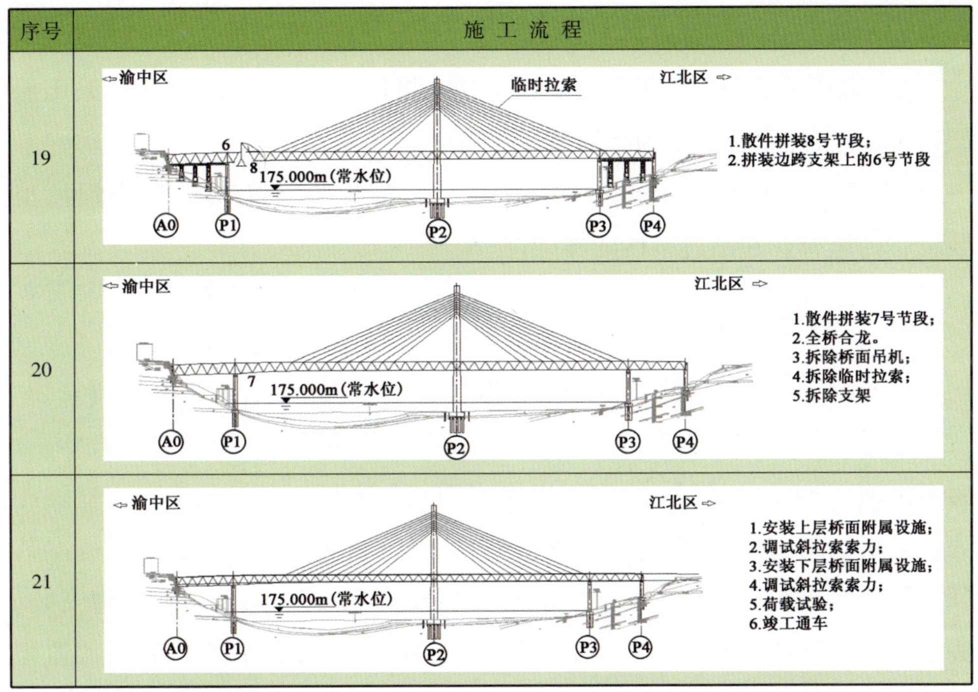

序号	施工流程
19	渝中区 临时拉索 江北区 6 8 175.000m(常水位) A0 P1 P2 P3 P4 1.散件拼装8号节段； 2.拼装边跨支架上的6号节段
20	渝中区 江北区 7 175.000m(常水位) A0 P1 P2 P3 P4 1.散件拼装7号节段； 2.全桥合龙。 3.拆除桥面吊机； 4.拆除临时拉索； 5.拆除支架
21	渝中区 江北区 175.000m(常水位) A0 P1 P2 P3 P4 1.安装上层桥面附属设施； 2.调试斜拉索索力； 3.安装下层桥面附属设施； 4.调试斜拉索索力； 5.荷载试验； 6.竣工通车

5.6.2 钢桁梁制造

主桥上部结构采用具有抗弯剪横梁的板桁构造栓焊结合的钢桁梁，桥面板与主桁共同参与结构受力，构件加工制造及安装精度要求高。钢桁梁加工制作单位针对整体节点杆件连接复杂、板件厚度大、焊缝密集、插入式连接形式以及主桁构件孔群精度控制等技术难题，开展了各项工艺研究，采取了以下控制措施：

(1)通过分析各类杆件的焊接变形规律，跟踪测量，及时修正，采用合理的焊接方法，在专用台架上焊接，实现了对整体节点的焊接变形控制。

(2)以后孔法工艺为主，先孔法工艺为辅，设计了高精度的精密画线工艺、精密制孔工艺和高精度的制孔工艺装备，包括钻孔样板机台架等，确保了整体节点的制孔精度。

(3)根据焊接接头形式，分类进行焊接工艺试验，确定焊接方法、焊接设备、焊接材料、工艺参数、焊接顺序、坡口形式及焊接变形控制措施，保证对接焊缝和溶透焊缝的焊接质量。

（4）采用分步单元组装工艺，分步骤控制几何精度和焊接变形，采用胎架定位组装，控制桥面板的组焊质量和精度。

（5）采用厂内平面辗转法试装钢梁杆件，以检验制造工艺的合理性、工装设备的适合性和制造精度的准确性。

5.6.3 钢桁梁安装

钢桁梁安装施工分为 3 个部分，即索塔区节间安装、标准节间悬臂安装、合龙节间安装。索塔区节间在承台顶搭设扇形墩旁托架，东水门长江大桥 1 号墩采用 2 000t · m 塔吊直接安装，东水门长江大桥 2 号墩及千厮门嘉陵江大桥索塔均采用 WD120 桅杆起重机起吊，配合纵向滑移安装到位。标准节间采用 2 台 80t 全回转桥面吊机从索塔区节间向中跨和边跨对称悬臂安装。为了确保钢梁安装的线形控制精度，钢梁安装过程中，加强了设计、施工监控与施工安装的协调配合，提前分析了安装线形影响因素，并制订了调整预案，确保安装过程精度控制。钢梁合龙前，根据钢梁安装线形现状及外界温度等条件，进行了敏感性分析，以精确确定合龙杆件长度、合龙顺序和纠偏预案。两江大桥钢桁梁施工如图 5.23、图 5.24 所示。

图 5.23 重庆东水门长江大桥钢桁梁施工

图 5.24 重庆千厮门嘉陵江大桥钢桁梁施工

5.6.4 超大吨位斜拉索

两江大桥主桥斜拉索为单索面稀索体系，单根拉索为 139 股 ϕ15.2mm 平行镀锌钢绞线。成桥最大索力每根达 14 500kN，为目前斜拉桥索力世界之最。由于斜拉索索力巨大，因此，对斜拉索的锚固可靠性、原材料质量以及施工难度均比国内同类工程有更高的要求。针对此技术难题，采取了以下控制措施：

(1)为了指导如此超常规索结构的安装、张拉施工，斜拉索制作安装单位在工厂内专门建造了 1 座缩尺的实体桥塔，完成 2 根 139 股钢绞线斜拉索的挂设和张拉调索施工试验，完全模拟现场拉索施工全过程，获取了相关的施工技术和工艺参数。

(2)139 根钢绞线采用单根穿束、单根张拉锚固、整体调索工艺。单根张拉以索力控制为主，整体调索以拔出量控制为主。拉索钢绞线单根张拉过程中，采用高精度传感器适时跟踪已安装绞线索力变化，利用等值法控制后续绞线的张拉锚固索力，以控制各绞线间的索力均匀性。

6 大水位落差下桥塔形式

6.1 三峡库区大水位落差

三峡库区是指被长江三峡工程淹没的地区,并包括有移民任务的20个县(市)。库区地处四川盆地与长江中下游平原的结合部,跨越鄂中山区峡谷及川东岭谷地带,北屏大巴山、南依川鄂高原。

三峡库区有几个重要的特征水位:正常蓄水位、枯水期最低消落水位和防洪限制水位。

正常蓄水位(即大坝设计水位):指三峡水库在正常运行情况下,为充分发挥防洪、抗旱、发电、航运、供水与补水、节能减排与生态环保等综合功能和效益而蓄到的最高水位。三峡工程的正常蓄水位为175m,蓄水至175m时,三峡水库的总库容为393亿m^3。

枯水期最低消落水位:指三峡水库在正常运行情况下,允许枯水季节消落(下降)到的最低水位。这是为最大限度地发挥水库综合效益而设置的一个兴利水位。水库蓄水若低于这个水位,导致水位落差过小,将明显影响发电效益,同时也影响抗旱、航运等效益的发挥。三峡水库的枯水期最低消落水位为155m。

防洪限制水位:指三峡水库在每年汛前必须要降低到的水位,也是汛期防洪运用时的起调水位。三峡水库的防洪限制水位是145m,至正常蓄水位175m之间的库容为防洪库容,共有221.5亿m^3。

三峡水库内的水位每年都要有规律地升降。在汛期(6~9月),水库一般维持在防洪限制水位(145m)运行,以留出防洪库容调节可能发生的洪水。当入库流量有可能对下游安全造成威胁时,水库拦蓄洪水,水位抬高。洪水过后，水库水位及时降低至防洪限制水位，以迎接下一次可能发生的洪水。从汛末9月开始，拦蓄多余来水，使水库水位逐渐升高至正常蓄水位(175m)，以保证航运、发电、供水与补水、节能减排与生态环保等效益的发挥。在次年4月底以前，水库尽可能维持在较高水位运行，随着大坝下泄流量大于上游流入水库的流量，水库水位逐渐降低，5月底降至枯水期最低消落水位(155m)。进入6月后，及时降低至防洪限制水位，迎接汛期的到来。

三峡库区从防洪限制水位145m到正常蓄水位175m之间的落差高达30m，是为“大水位落差”。

6.2 重庆两江大桥水位基本情况

重庆境内江河众多，都属于长江水系。其中最大的三大河流是长江、嘉陵江和乌江。长江自江津羊石镇入境，呈近东南向切割川东褶带，形成猫儿、铜锣、明月、黄草等峡谷，其间为宽谷，河谷形态呈藕节状；长江于涪陵顺应向斜转向东北流入万州，江面阔宽，阶地发育；随之转近东西向于奉节切割七曜山、巫山形成举世瞩目的瞿塘峡和巫峡，于巫山碚石出境，境内河长683.8km。入境朱沱站多年平均年径流量为2 692亿m^3；出境巫山站多年平均年径流量达4 292亿m^3。长江常年洪水位一般为175.00～180.00m，汛期最大流量86 200m^3/s(1981年7月)，调查的历史最高水位为196.25m(1870年)，最低水位为158.08m(1987年)。全年水位变化规律是2～4月为最低水位期，7～9月为最高洪水期。嘉陵江在合川市古楼镇流入重庆境内，并于合川城接纳渠江、涪江两大支流后呈东南向横切沥濞、温圹、观音背斜，形成小三峡后流经沙坪坝、于渝中区朝天门汇入长江，境内河长153.8km，北碚站年平均径流量为668亿m^3，年平均含砂量2 191g/m^3。乌江是长江南岸最大一级支流，自酉阳县黑獭坝入境，经彭水、武隆、在涪陵城东汇入长江，境内河长219.5km，多年平均径流量519亿m^3，年平均含砂量653g/m^3。乌江横切构造，峡多流急，被称为乌江“天险”。

地处重庆核心地带的两江汇合口重庆(海关)断面5年一遇洪水184.23m(黄海高程,下同)、10年一遇水位186.33m、20年一遇水位188.53m、50年一遇水位190.83m、100年一遇洪水位192.63m;三峡工程淤积30年重庆(海关)断面处5年一遇洪水位187.14m、20年一遇水位191.05m、100年一遇洪水位194.27m。2009年三峡水库完全投入使用后,三峡大坝坝顶高程185m(吴淞高程),正常蓄水位175m(吴淞高程),防洪限制水位145m(吴淞高程),枯水季低水位155m(吴淞高程)。水库调度运行方式为:每年5月末至6月初,坝前水位降至汛期防洪限制水位145m(吴淞高程);汛期6~9月,水库一般维持此低水位运行,遇大洪水时期根据下游情况,水库排洪蓄水,库水位抬高,洪峰过后,仍降到145m(吴淞高程)运行;汛末10月,水库充水,水位逐步升高到175m(吴淞高程);11月到次年4月,水库尽量维持在高水位。成库后,朝天门5年一遇洪水位184.3m(黄海高程,下同)、10年一遇水位186.7m、20年一遇水位188.6m、50年一遇水位190.9m、100年一遇洪水位192.7m。

6.3 重庆两江大桥通航要求

东水门大桥下距长江、嘉陵江两江汇流口(朝天门)约1.5km,距宜昌航道里程660.7km,该桥区河段属三峡水库175m蓄水方案回水变动区,根据交通部、水利部和国家经贸委《关于内河航道技术等级的批复》和《长江干线航道发展规划》,确定东水门长江大桥河段航道等级为国家Ⅰ级航道。《重庆东水门长江大桥通航净空尺度和技术要求论证研究报告》推荐采用《内河通航标准》(GB 50139—2014)中Ⅰ-(2)级航道船三排三列的船队为代表船队进行通航论证,船队尺度为:316m×48.6m×3.5m。对于单船则采用标准化船型中的5 000t级散装船。根据《内河通航标准》(GB 50139—2014)Ⅰ-(2)级的规定,双向通航航道净宽320m,通航净高18m,上底宽280m,侧高7m。

千厮门大桥下距嘉陵江与长江汇合口约0.8km,根据交通部、水利部和国家经贸委《关于内河航道技术等级的批复》(交水发[1998]659号文件)、《嘉陵江广元至河口河段综合规划报告》和《重庆市航道发展规划》(2005年~2020年),嘉陵江桐子壕船闸至朝天门汇合口段172km河段规划为Ⅲ级航道,因此确定千厮门嘉陵江大桥河段通航标准为国家Ⅲ级航道。《重庆千厮门嘉陵江大桥通航净空尺度和技术要求论证研究报告(送审稿)》中规划的船型船队尺度为:一顶两驳(1+2×1 000t)167m×21.6m×2.0m,对于单船则采用标准化船型中的3 000t级散装船。根据《内河通航标准》(GB 50139—2014),Ⅲ级航道通航净高标准为10.0m,考虑到嘉陵江河口干支互通的需要,拟建大桥通航净高取长江Ⅲ级航道通航净高,即10m。根据《内河通航标准》(GB 50139—2014)和相关实测资料计算分析,大桥通航孔应满足的最小通航净宽为:单孔单向通航净宽 $B=127$m,单孔双向通航净宽 $B=242$m。

6.4 重庆斜拉桥桥塔的基本类型

作为中国的桥都,重庆在拱桥、斜拉桥、连续刚构桥等3大桥型中居全国领先水平。从我国第1座斜拉桥——重庆云阳汤溪河大桥开始,重庆斜拉桥的发展历程已近40年。斜拉桥具有优越的跨越能力,也具有独特的视觉冲击力和挺拔、美观的特点,其既适应于重庆地形起伏大、江河切割深的山地环境,又能体现重庆大开大合的文化精神,因而成为重庆桥梁在方案选择时最重要的桥型之一。

斜拉桥主要是由斜拉索、主塔、主梁组成的,作为一个整体的建筑物,它应该满足桥梁美学中的一致性、协调性、统一性、连续性、均衡性和多样性原则,即桥梁的建筑形式必须与使用目的和功能相一致;桥梁与道路、桥梁与周围环境应该是相互协调的;桥梁整体与局部之间的关系要协调,避免孤立分散;桥梁通过设计,使人的视觉分量均等,使人们产生一种平衡、稳定的美感;

桥梁设计中，当多种不同的构件、属性相结合时，桥梁结构体系呈现多样性。如果一座桥梁满足了上述的原则，那这座桥梁呈现给人们的就是一种自然的美。

在斜拉桥呈现桥梁美时，除了斜拉索的布置形式，更能凸显斜拉桥美的部位应该是主塔，主塔的形式和造型能使斜拉桥的柔性美更加融入周围的环境，使桥和周围的环境融为一体。斜拉桥主塔的形式从最初的受力和构造需求，逐渐发展为既要满足受力、构造要求，更重要的是要和斜拉索、主梁和周围的环境相协调、均衡、融为一体。

从1988年建成的重庆石门嘉陵江大桥到2014年建成的重庆两江大桥，重庆已经修建16座斜拉桥，这16座斜拉桥的主要参数如表6.1所示。通过表6.1可知，重庆已建斜拉桥的主塔形式主要有：独柱式、H形、倒Y形、A形和流线型。不同形式主塔的适用条件也各不相同。

重庆斜拉桥桥塔形式统计 表6.1

桥名	建成年份（年）	桥型	桥塔形式	塔高 H（m）	塔高 h_1（m）	h_1/H
重庆石门嘉陵江大桥	1988	独塔单索面	独柱形	160	113	0.71
重庆李家沱长江大桥	1996	双塔双索面	H形	142	115.5	0.81
重庆涪陵长江大桥	1997	双塔双索面	倒Y形	163	—	—
重庆马桑溪长江大桥	2001	双塔双索面	倒Y形	163.51	97.62	0.6
重庆大佛寺长江大桥	2001	双塔双索面	H形	206.68	126.39	0.61
重庆云阳长江大桥	2005	双塔双索面	H形	167.6	70.64	0.42
重庆奉节长江大桥	2006	双塔双索面	A形	208.8	100	0.48
重庆涪陵李渡长江大桥	2007	双塔双索面	H形	172.5	98	0.57
重庆涪陵石板沟长江大桥	2009	双塔双索面	H形	185.6	—	—
重庆长寿长江大桥	2009	双塔双索面	H形	164.6	—	—
重庆涪陵乌江二桥	2009	高低塔单索面	独柱形	178.4	105.4	0.59
				129.4	66.4	0.51
重庆嘉悦嘉陵江大桥	2010	双塔双索面	Y形	118.29	32.53	0.27
重庆双碑嘉陵江大桥	2013	高低塔单索面	独柱形	178.2	108.3	0.61
				121.8	60.3	0.5

续上表

桥 名	建成年份（年）	桥型	桥塔形式	塔高 H（m）	塔高 h_1（m）	h_1/H
重庆江津鼎山长江大桥	2013	双塔双索面	曲柱形	188.3	138.35	0.73
重庆东水门长江大桥	2014	双塔单索面	天梭形	172.61	109	0.63
重庆千厮门嘉陵江大桥	2014	独塔单索面	天梭形	182	110	0.61

注：H 为索塔全高，h_1 为索塔桥面以上部分高度。

6.4.1 柱式桥塔

桥塔主要承受来自拉索的竖向荷载，竖向荷载沿塔身到塔座的传力途径应清晰地体现在桥塔结构上。柱式桥塔能够很好地表现竖向荷载的传力过程，同时具有很好的视觉连续性。柱式桥塔主要分为独柱式和双柱式，在重庆的3 座柱式桥塔斜拉桥中全是独柱式的，分别是石门嘉陵江大桥[图 6.1a)]、涪陵乌江二桥[图 6.1b)]、双碑嘉陵江大桥[图 6.1c)]。独塔斜拉桥则强烈地诠释了竖向力的传导过程并展示了竖直向上的诱导力，但这种结构体系对于较宽桥面的桥缺少有效的侧向抵抗力，因此桥面不宜过宽。

石门嘉陵江大桥、涪陵乌江二桥和双碑嘉陵江大桥的桥面以上索塔高度与索塔全高之比分别为0.71、0.59 和0.61，均接近于建筑中理想的黄金分割比例0.618，使得全桥外形纤细优美，产生视觉美感并诱导人们的视线，很好地融入了山地城市桥位环境。

从图 6.1 中的外观对比可知，1988 年建成的石门嘉陵江大桥更加注重的是桥梁的通行功能。到 2009 年建成的涪陵乌江二桥则开始加入了美学的思考，对桥塔进行了色彩涂装，将重庆城市桥位环境色浅灰色作为主色调并辅以蓝色，完美地融合到四周的环境中。2013 年建成的重庆双碑嘉陵江大桥桥塔则在外形上进行了美学的修饰，首先，塔墩采用了两个间隔 0.2m 的墩，使厚重的塔墩显得轻盈美观；其次，塔墩两侧采用斜面设计顺势与塔身无缝连接，更加完美地诠释了塔柱竖向力流连续顺畅地传递。

a)

b)

c)

图 6.1 柱式桥塔

6.4.2 框架式桥塔

框架式桥塔和柱式桥塔相比具有较好的整体性,侧向刚度显著增加,抗扭能力得到加强。从表 6.1 知,重庆的框架式桥塔包括倒 Y 形、Y 形、A 形、H 形和天梭形。

1)倒 Y 形桥塔和 A 形桥塔

框架式桥塔中的倒 Y 形桥塔和 A 形桥塔采用的都是倾斜向上的塔柱,较好地表现了桥塔力流竖直向上的动势,吸引着人们的视线,倾斜的塔柱同时形成了三角形,给人带来了稳定感。塔身下塔柱内收与塔墩连接,给人纤细柔美的感觉。

山地城市重庆的倒 Y 形桥塔的斜拉桥有两座,分别为重庆涪陵长江大桥[图6.2a)]和重庆马桑溪长江大桥[图6.2b)]。重庆奉节长江大桥则是A形桥塔的斜拉桥(图6.3)。山地城市的桥位环境往往被山水环抱,建筑物桥梁桥塔的视觉无法与山体相抗衡,稍显柔性的倒Y形和A形桥塔是适合的。下面从塔帽、塔身到塔墩进行桥塔形式的分析,并总结出其与山地城市重庆桥位环境完美融合的优点和研究后认为需改进的地方。

a)

b)

图6.2 倒Y形桥塔

(1)塔帽。

两座倒Y形桥塔的塔帽与塔身锚固区的截面形式相同,保持塔身视觉的连续性,该A形桥塔则采用了蓝色对其整个塔帽进行涂装。采用蓝色的线条勾勒塔帽两侧,会更好地体现向上的动势和连续性。

(2)塔身。

塔身是桥塔外形中最重要的部分,起到承上启下的作用,上与塔帽相接,下坐落于塔墩之上。倒Y形桥塔塔身锚固区与斜塔柱、斜塔柱与下塔柱结合部角度影响着塔身的外形,而斜塔柱的斜率又控制了这个角度,斜率大角度小,整个桥塔则显得矮胖,减弱了斜拉桥桥塔向上的动势。因此,倒Y形桥塔对于塔高较高、桥宽较窄的桥，能充分展示其挺拔纤细的外形；相反，这种桥塔形式对于矮塔宽桥是不合适的。

重庆奉节长江大桥A形桥塔(图6.3)用板的概念设计，外观轻盈美观，塔身纵桥向宽度为7m，塔身塔柱横向宽度均为4.2m，塔身倾斜斜率为1/10，主体用灰色涂装，两侧用蓝色线条辅助，塔身轻盈、连续、挺拔。

图6.3　A形桥塔

(3)塔墩。

山地城市中的塔墩应有一定的防撞功能，而墩身的轻型化设计也是塔墩设计的重要内容之一。重庆的两座倒Y形斜拉桥塔墩顺流向采用了圆弧设计，在原本笨重的方形上做了减法，轻盈而且减小了水流的冲击。适当地进行色彩涂装并加以线条分割，轻型化的效果会更加突出。

这座A形桥塔塔墩的设计很好地迎合了全桥板设计的概念，塔墩纵桥向宽度自下向上由10m渐变至7m，符合桥塔竖直向上的动势，塔墩两侧蓝色线条与塔身相接直到塔帽也符合桥塔的连续性，同时，蓝色线条还起到分割的作用，使庞大的塔墩给人以轻盈的感觉。

2)H 形桥塔

重庆的城市斜拉桥采用 H 形桥塔的已达到了 6 座,占了重庆所有城市斜拉桥的 3/8,分别是重庆李家沱长江大桥[图 6.4a)]、重庆云阳长江大桥[图 6.4b)]、重庆大佛寺长江大桥[图 6.4c)]、重庆涪陵李渡长江大桥[图 6.5a)]、重庆长寿长江大桥[图 6.5b)]和重庆涪陵石板沟长江大桥[图 6.5c)]。H 形桥塔适合于宽桥,重庆的这 6 座 H 形桥塔形式基本一致,塔帽和塔身锚固区都采用了竖直向上的矩形截面立柱,很好地展示了斜拉桥的竖直向上的动势,并吸引着人们的视线;塔身中间部分双柱向内倾斜加上柱间横梁给人以稳定感。前 5 座斜拉桥塔身桥面以下部分的双柱采用了内收使全桥多了几分轻柔之美,与大体量的山水很好地融合在一起。涪陵石板

a)

b)

c)

图 6.4 H 形桥塔(1)

沟长江大桥则让塔身中间部分双柱直接立在塔墩之上，取消了桥面以下的横梁，更显简洁；塔墩则是必要的防撞设施，看上去似乎有些笨重，用线条进行轻型化处理会更好，石板沟长江大桥的塔墩做成了倒梯形加矩形的形式，实际上就是在长方体的形式上，做减法的一种轻型化处理。

a)

b)

c)

图 6.5　H 形桥塔(2)

3) Y 形、曲柱形、天梭形桥塔

Y 形(图 6.6)、曲柱形、天梭形桥塔在世界范围内都属于独特少见的桥塔形式，所以将这 3 个桥塔形式放在一起叙述。

重庆嘉悦大桥主桥采用了双塔双索面矮塔斜拉桥 + 连续梁组合结构形式，设计者经过多种桥型的比较，结合经济、美观、安全的设计原则，最终为这座矮塔斜拉桥选择了 Y 形桥塔。

嘉悦大桥的桥面以上塔身尺寸较短，给人比例不协调的感觉，缺少斜拉桥的吸引力，因此，设计者将塔身的两个塔柱向外倾斜与竖直向成22°角，增加了塔身上部空间的层次感，协调性得以体现。塔帽与塔身保持相同的截面大小，体现了连续性。Y形桥塔下塔身设计两个横梁和桥塔下部内收使桥塔稳定性得到增强，同时使大尺寸的下部显得柔美，从而使整个桥塔与周围高档住宅区和自然山水风光完美融合。

图6.6 Y形桥塔

重庆江津鼎山长江大桥的建成使江津到重庆主城缩短到半小时，是江津区加快融入主城区的关键工程，该桥采用的是曲柱形桥塔（图6.7）。在相对

图6.7 曲柱形桥塔

平缓的山地环境中,曲柱形桥塔能使全桥景观突出于环境。该桥塔从塔帽到塔墩采用了连续的曲线形式,体现了反弯的压力曲线,给人以连续稳定的感觉;塔帽和塔身曲率较小,能很好地体现向上的动势,展示大桥的宏伟壮观;塔身上截面相对较小的两根横梁显得纤柔而不失稳重;塔墩加大了斜率和截面尺寸,增强了稳定性并能有效地抵抗船撞。

6.4.3 重庆斜拉桥普通桥塔的特点与不足

重庆属于典型的山地城市,其桥梁具有墩高、跨大的特点。结合重庆地形地貌及其自身的人文精神,重庆斜拉桥桥塔设计通常具有以下特点:

(1)桥塔总高度较大,桥面以上和桥面以下的高度比例接近1∶1(矮塔斜拉桥嘉悦大桥除外)。

(2)桥塔形式相对传统,以框架式为主。

(3)桥塔线形刚直,塔型大气、挺拔。

(4)下塔柱厚重,有利于结构自身抵御船舶撞击。

从另外一个角度考虑,重庆斜拉桥的桥塔也存在两点明显不足:

(1)普通桥塔线条一般都采用直线、折线,显得过于生硬,且塔型大同小异。

(2)三峡库区水位具有落差大的特点,最大可超过30m,大水位落差变化下,普通桥塔难以呈现比例协调的桥塔外观。

6.5 大水位落差下的新型桥塔

6.5.1 两江大桥桥塔设计思路

重庆两江大桥工程位于重庆都市核心圈、中央商务区,东水门长江大桥和千厮门嘉陵江大桥对称布置在渝中半岛两侧。由于景观要求高,因此,结合解放碑商圈的繁荣特点、历史建筑的人文特点、江北嘴新兴建筑的高科技特点,两江大桥采用了集时尚、文化和创新于一体的“单索面稀索部分斜拉桥”总体方案。在此条件下，两江大桥的桥塔不仅需要克服普通塔型的不足，还需要与桥型总体方案相适应、与周边环境相融合。

6.5.2 两江大桥天梭形桥塔的基本构造

两江大桥采用的天梭形桥塔总体属于框架式，其塔身按常规分类分为上塔柱、中塔柱、下塔墩。以东水门长江大桥桥塔为例(图6.8)，对两江大桥天梭形桥塔进行分析。东水门长江大桥 P1 主墩索塔总高 172.61m，其中上塔

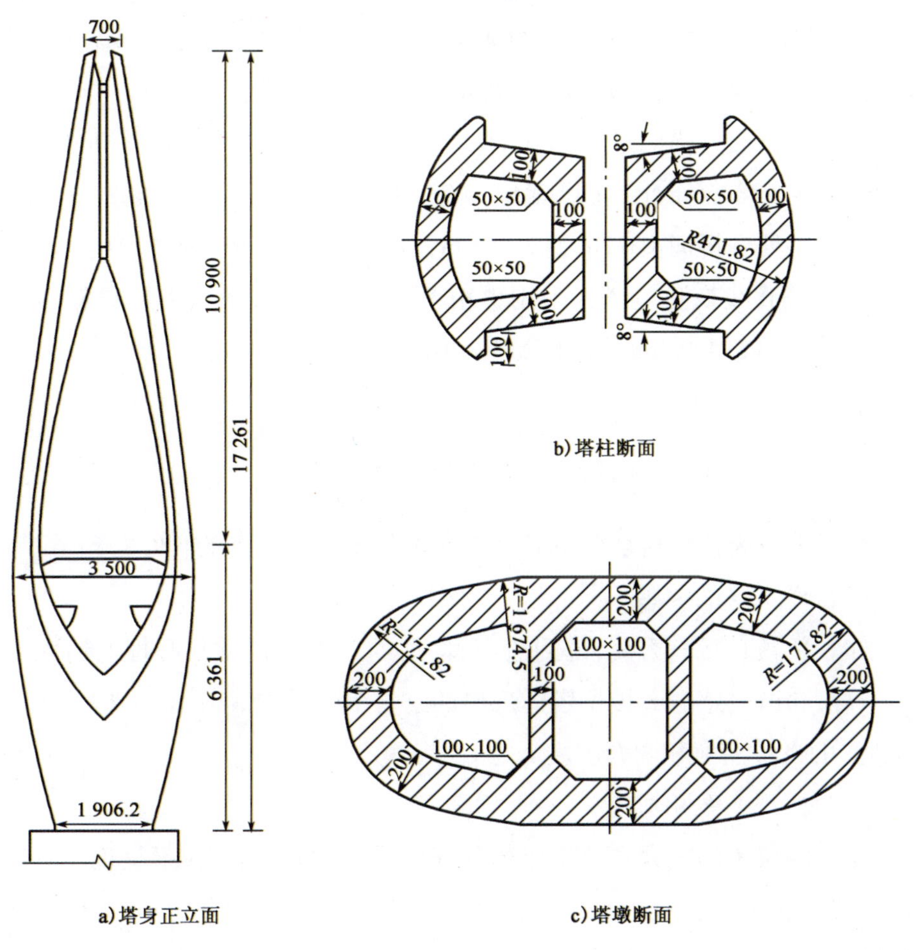

图6.8 东水门大桥桥塔基本尺寸(尺寸单位:cm)

柱高 46.5m，中塔柱高 62.5m，下塔墩高 63.61m；P2 主墩索塔总高 162.249m，其中上塔柱高 46.5m，中塔柱高 62.5m，下塔墩高 53.496m。

整个桥塔在横桥向平面内有外、中、内 3 条轮廓线，每条轮廓线均由圆曲线和直线组合而成。下塔墩外轮廓为半径 308.145m 的圆曲线，中、上塔柱外轮廓均采用斜率为 13∶95 的直线，中塔柱与下塔墩连接段采用半径108.35m的圆曲线过渡；下塔柱中轮廓线为半径 53.581m 圆曲线，中、上塔柱中轮廓线均为直线，斜率为 11.65∶96，中塔柱与下塔柱连接段采用半径138.763m的圆曲线过渡；下塔柱内轮廓为半径 46m 的圆曲线，中塔柱内轮廓为半径 227m 的圆曲线，上塔柱为竖直线，只在塔顶 7m 处向外与中轮廓相交。

桥塔在桥面处横向最宽为 35.0m，塔顶横向宽 7.0m，塔底横向宽度 P1 主墩索塔为 18.268m，P2 主墩索塔为 23.897m。主塔纵向宽度塔底为11m，从塔底分叉处到桥面由 11m 变为 9.0m，从桥面以上 13m 到塔顶由 9.0m 变为 7.5m，按直线变化。塔柱采用单箱单室结构形式，塔墩采用单箱多室结构形式，塔柱壁厚 1.0m，塔墩壁厚 2.0m，考虑到景观效果，局部做了细节处理。

6.5.3 两江大桥天梭形桥塔的创新特点

两江大桥天梭形桥塔的创新特点主要体现在如下 5 方面。

1）桥塔本身的美感

外观新颖、简约、秀美，比例适当，均衡的形态从视觉与心理上给人以完美、宁静、和谐之感。天梭桥塔体现出的这种美学感受，与两江大桥总体方案“谦逊”的设计立意相吻合。

2）与桥型方案相适应

作为斜拉桥的 3 大主要组成部分，两江大桥的主桁和拉索呈现出直线线形，直线具有刚直、坚硬、明确的感觉，体现了重庆山城文化特点；而桁架斜杆则呈现出折线线形，其具有动感、节奏的感觉，时代感很强。天梭形桥塔通过直线和曲线的组合并以曲线为主，形成的空间曲面造型，达到了刚柔统一的调和美。

3)与环境相适应

天梭形桥塔塔高的选择,既保留了斜拉桥索塔自身挺拔、耸立的气势,又综合考虑了两岸现状及规划建筑高度的协调统一,使桥塔高度不因过于高耸突兀而和大剧院、洪崖洞等建筑景观不匹配,破坏景观画面的整体性。

4)与大水位落差相适应

采用天梭的造型是基于充分考虑和研究了两江水位在枯水期、常水位和洪水期较大的水位变化以及不同水位对桥塔景观的影响而确定的,以确保在任何水位时,人们都能欣赏到一座美丽、协调的结构物。

由于塔身造型为曲线,且中部(主梁通过处)最宽并由中部向顶部和底部分别收缩,其收缩曲线组合适当,形成了以中部截面为水平轴的近似对称形态,因对称形态具有"倒影"特性,在水面照影之下,便会使人们产生对桥塔对称形状的视觉延伸,所以塔底部被水位线掩盖的高度有较大变化时,视觉延伸之后产生的效果会让人们感觉到塔身的完整性,从而形成在不同水位情况下,桥塔景观不受影响。

当水位处于浅水期时[图6.9a)],桥塔座(承台部分)微微显现出来,一个完整的柱式建筑呈现在人们的眼前,优雅高贵、纤细秀美,与中央商务区的各式建筑形式交相辉映、相得益彰。当水位处于涨水期时[图6.9b)],因全桥塔采用统一的弧形,线形并未受到影响,依然良好地保持了斜拉桥塔柱向上的动势;涨水期的水位上升,桥塔与河面接触部分的截面相应变大,桥塔的刚性美得到提高,涨水产生的宽大河面带来的更大视觉范围则需要这种美学的气势;由于桥塔横梁视线完全被桁架梁隐藏以及桥塔的整体比例设计,大水位落差对桥塔的比例美影响较小。

5)考虑桥墩防船舶撞击

东水门大桥P1主墩船撞设计代表船舶均为5 000t级,其设防船撞力不小于43.26MN(对应水位194.57m);P2主墩船撞设计代表船舶均为5 000t级,其设防船撞力不小于37.5MN(对应水位194.57m)。天梭形塔身在墩部

图 6.9　已建成的东水门大桥桥塔水位落差对比

为曲面实体，在 180.0m 高程以下采用 C20 素混凝土充填。既满足了防撞要求，又不会损伤桥塔外形的美观性。

6.5.4　大水位落差下桥塔设计原则

三峡库区建成蓄水到 175m 后，重庆已建的桥梁都处在回水变动段，三峡库区按照现在的 145-175-145 模式运行，库区的水位落差达到 30 多米，在这种大水位落差的情况下，桥塔方案的选择应遵循以下原则：

1) 明确桥梁功能定位

首先，要明确桥位处修建的桥梁是一座城市桥梁还是公路桥梁，对景观是否有要求；作为一座城市桥梁，还应明确此桥是道路通行的载体还是轨道通行的载体，或者是共轨合建的桥梁。有了上述的信息，就可以确定主梁的断面形式和主塔是否考虑造型和景观。

2)明确桥区自然条件

桥区的自然条件主要包括地形、地貌、地质条件和水位条件,这些条件是制约桥梁基础的布置位置以及主桥两端的线路走向和接线的重要问题。

3)确定桥区通航要求

桥区的通航等级主要影响桥梁的跨径布置和通航孔的净空布置、主塔是否考虑防撞、主塔设防的船舶吨位和设防船撞力,上述因素直接决定主塔的结构尺寸和断面形式。

4)明确主桥桥型方案

明确了桥位处桥梁的功能和桥区周围的自然条件以及桥区的通航等级,就可以选择适合在此桥位处修建的桥型方案,以及桥梁体系是选择单索面还是双索面,由此就可以依据第6.4节中描述的不同类型的桥塔适用的范围,初步确定桥位处桥梁的主塔形式。

5)桥区周围的环境

根据初步确定桥梁的主塔的形式,再结合桥区周围的建筑、人文环境对主塔的形式进行局部的修改和整体线条的优化,使其和主桥整体相均衡,与周围的环境融为一体。

6)线形利用的原则

线的丰富变化可以为桥梁造型带来新意。在利用线形时,既要注意桥梁自身纵曲线、平面线形等设计的协调统一,又要注意与桥位周边环境的景观融合。不能为了求新求异而脱离主体、脱离环境,虽然新颖是桥梁线形美所追求的,但更重要的是桥梁线形和周围环境的协调与融合。

总之,重庆城市桥梁主墩的尺寸、断面形式与桥区处航道的通航等级、通航船舶的吨位、通航船舶的密度等因素紧密相关,要满足桥梁的防船舶撞击的要求,有利保护桥梁的运营安全和通航船舶的安全,实现对桥梁和船舶的双重保护的目的,最终主墩的断面应与桥梁整体结构和周围的环境协调一致,使得桥和周围环境有机地融为一体。

6.6 空间曲面索塔施工

两江大桥天梭形索塔内轮廓线条、凹槽、倒角形状复杂，尺寸变化极大，是复杂的三维空间曲面结构，其模板系统设计、制造，施工中的曲线线形控制是一大难点。为此，建设单位和施工单位开展了对空间曲面索塔施工关键技术的研究，制订了详细的施工方案，以计算机技术为手段，将塔柱从下至上根据结构上的曲率变化特点，分成 4 个区域进行模板设计。索塔除第 1、2 节段采用支架施工外，其余节段均采用液压爬模系统施工，标准节段施工高度为 4.5m。为了确保桥塔混凝土曲面线形外观质量，经反复比较，模板最终采用木质面板，大面模板可周转使用，节段间模板周转时，根据结构尺寸进行微调处理，通过工艺处理后的空间曲面模板成为完美实现桥塔线形的基础。索塔曲面模板如图 6.10 所示。

图 6.10 索塔曲面模板

在索塔施工过程中，通过对整体模型和局部构造进行精确计算，并采取设置临时拉杆、撑杆，牛腿预应力分批张拉等措施，对塔柱施工过程中的应力和线形进行了控制，确保了结构安全。实测数据和竣工验收资料表明，对局部构造的开裂、塔柱内力和线形的控制是成功的。

7 密集建筑条件下的隧道及其洞门

7.1 概述

由于人口的高度城市集中化,为缓解人口增长对城市环境的压力,修建各种城市隧道和地下工程在世界各国均呈现急剧增长的态势。一般规模的城市,其煤气供应管道、排污、通信、电缆等必定是地下设施;在超过 50 万人口的大中型城市,除上述地下设施外,还同时发展了市区隧道交通、汽车地下线路及地下人行走道等运输隧道;在人口过百万的特大城市,还有地下商场、地下文化娱乐设施、地下停车场及废物处置地等地下设施。据统计,在过去的 30 ~40 年间,人口超过 50 万的 100 多个城市修建或正要修建在地下运行的地铁、城市轨道或快速运输系统。截至 1999 年,世界上约有 70 个城市建有地铁运输系统。从这个数据不难看出,在大城市,隧道的修建日益迫切,城市隧道和地下工程在整个国家运输系统和城市发展中,扮演着越来越重要的角色。随着交通基础设施的大力发展,隧道工程越来越多地出现在城市建筑物高度集中的地区,且城市公路、铁路、轨道交通网络密集。

隧道洞口是隧道进出的咽喉,又是隧道施工时人员、机械、物资进出的主要通道。洞口位置应根据隧道洞口地形、地质条件, 同时结合环境保护、洞外有关工程及施工条件、运营要求, 通过技术、经济比较确定。近年,对环境的保护提到了更高的位置上,洞口不仅要保护附近山体的自然平衡,还要保护附近的自然植被和自然景观。因此,现在主张优先采用切削式洞口结构,洞口开挖尽可能少地扰动山体,保持原来的地形。隧道进出口的洞门是隧道唯一的外露部分,不像桥梁,越长越壮观,隧道不论多长,只能看到其两端的洞门。对于这个“门脸”,设计者自然想做得美观些,适当的建筑艺术处理也是需要的。好的洞门方案一定要与洞口地形、地质条件相适应，主要应保持山体的天然平衡，保护边、仰坡的稳定。多年来，我国常用的几种洞门如端墙式、翼墙式、柱式和台阶式等（图7.1），在各自适应的条件下，都能很好地工作，成为传统的挡墙洞门形式。目前，隧道洞门设计总的原则是自然、简洁，与环境协调，不刻意渲染，保护隧道的自然景观。

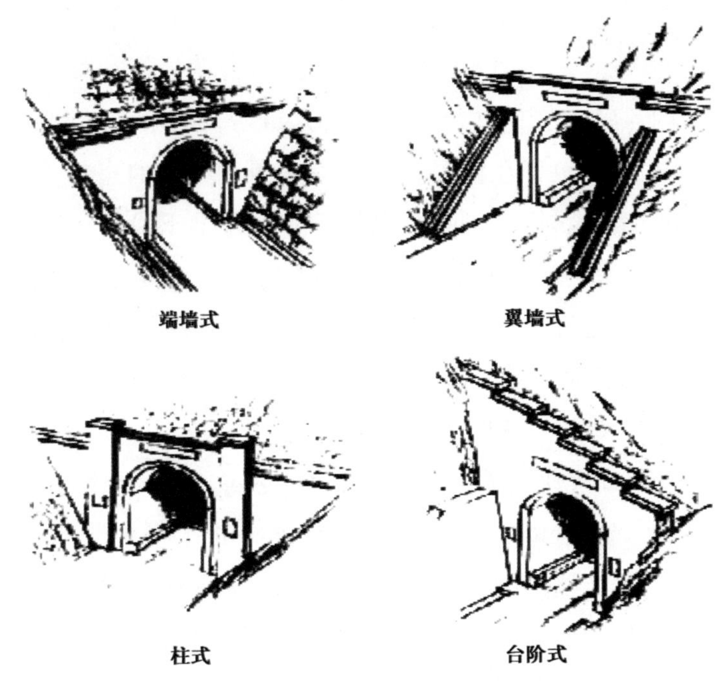

图7.1　洞门形式

重庆轨道交通作为重庆市的一个重要交通运输网络，截至2013年底，运营线路已有5条，运营里程突破160km，日最高客运量突破百万乘次，重庆两江大桥工程作为轨道6号线的过江载体，位于重庆中央商务区核心地带，渝中连接隧道地处重庆市的中心城区渝中区，该片区人口密集、高楼林立、建筑密度大、商贸十分集中，不仅是长江上游的黄金商贸区，也是中国西部最大的步行街商业区，集购物、休闲、旅游、办公、餐饮、娱乐等综合功能于一体。土地的使用性质多以商业及住宅用地为主，线路经过区域范围内各种商铺众多，两旁多为高层建筑、文物古迹，包括重庆市第一人民医院、重庆市消防一支队、重庆市中医院、罗汉寺、沧白大厦、嘉陵江索道楼等重要建筑物，用地情况极为紧张，隧道工程施工将引起地层变形和地基沉降。这些变形、沉降及施工爆破震动对邻近既有建筑物和设施的损伤不可忽视。渝中隧道的北端洞口直接与千厮门大桥主桥相连，且正好比邻重庆市的“洪崖洞民俗风貌区”，该景区以拥城市旅游景观、商务休闲景观和城市人文景观于一体而闻名，并以最具巴渝传统建筑特色的“吊脚楼”风貌为主体，依山就势，沿崖而建。因此，渝中连接隧道及其洞门的选型就显得尤为重要，结合各种影响因素及边界条件，如何减少其对周边及下穿的密集建筑物的影响，如何对高层建筑的基础进行必要的保护，同时隧道洞门形式如何与周边环境及建筑相协调，这些都是值得去分析、研究的问题，且其研究成果可以为今后密集建筑条件下的隧道及其洞门设计提供参考。

7.2 渝中连接隧道工程概况

重庆千厮门大桥工程渝中连接隧道全段均位于重庆市渝中半岛内，南接东水门大桥，向西下穿陕西路、重庆轮船总公司、重庆市第一人民医院、道门口农贸市场、中国农业银行重庆市分行、新华路，拐向北西下穿筷子街、重庆市消防一支队、民族路、重庆市中医院、嘉陵江索道楼、沧白路，终点与千厮门大桥连接，途经大量地面构筑物。隧道设计行车速度 40km/h，为双向四车道城市隧道，隧道左右线均为曲线隧道，最小曲线半径为 250m。隧道建筑限界单洞设计净宽 = 0.25m（余宽）+ 0.50m（路缘带）+ 2 × 3.50m（车行道）+ 0.50m（路缘带）+ 0.75m（检修道）= 9.0m，隧道建筑限界净高 4.5m。隧道洞口段为连拱隧道、洞身段为小净距隧道，隧道左线长 720.837m，右线长 711.618m。隧道纵面设计为倒人字纵坡，进出口最大纵坡分别为 +4%、−4%，隧道最大埋深约 34m。隧道洞身结构分明挖段和暗挖段，左线东水门端明挖段 101.753m，千厮门端 133.563m；右线东水门端明挖段 100.363m，千厮门端 133.183m；暗挖段共 963.593m，其中左线 485.521m、右线 478.072m。

该隧道设置1处行车横洞,2处人行横洞,在隧道中部最低处设置1处废水泵房,进出口各设置1处雨水集水房。

7.3 密集建(构)筑物对工程的影响

7.3.1 解放碑地下停车系统接口工程

重庆解放碑地下停车系统工程属于市政设施领域的交通工程,其目的在于缓解解放碑地区地面交通拥堵,并提高地下停车系统的利用率和周转率,达到综合改善该地区交通状况的目的,包括"一环六射N连通":"一环"即沿地下环形主通道,"六射"即6条进出主通道的通道,"N连通"即各个车库之间的连通。通过"一环六射N连通"实现资源共享、管理统一、技术先进、运行高效的地下停车系统。

连接道一与连接道二为解放碑地下停车系统工程中的一部分,通过与渝中连接隧道的连接,可以达到合理利用地下资源,解决部分到达车辆"快速进来、快速出去"的目标,进而为解决解放碑地区交通状况的综合目标提供有利的条件。接口工程对渝中连接隧道设计的影响范围主要有两段:连接道一与两江桥隧道连接段位于千厮门大桥端洞口段,该段采用明挖结构,主线下穿沧白路,并与下方既有轨道6号线小什字—大剧院地下区间隧道形成重叠;连接道二与两江桥隧道连接段位于民主路与重庆市消防一支队附近,该段采用暗挖结构,侧穿轨道6号线小十字车站2号通风竖井。连接通道一与连接道二设计速度20km/h,为单向单车道隧道,建筑限宽7m,限高3.5m。连接道一起点接两江大桥隧道左线K14+498.290,并设置71.580m长的平行式减速车道,终点接解放碑地下停车系统。连接通道一起点接解放碑地下停车系统,终点接两江大桥隧道左线K14+143.66,中间设置100m长的平行式加速车道和45m长的加速车道渐变段。接口工程计划工期将晚于渝中连接隧道实施,为了便于工程之间的衔接,避免工程浪费,需要在两江桥隧道施工中预留与三期工程衔接的进出口,为以后解放碑地下停车库系统的接入提供可能性。

7.3.2 轨道交通6号线

轨道交通6号线区间在渝中连接隧道K14+316处从下方与该隧道相交,并逐渐与该隧道向江北城同向行进。两条隧道相交段的设计高程分别为:该工程隧道设计洞底高程223.620~229.798m,6号线设计洞顶高程221.11~225.51m,两者之间的间隔2.5~4.3m。根据工程计划,6号线先于该隧道施工,因此,6号线隧道衬砌应考虑上部公路隧道的施工荷载和运营中的结构及车辆通行荷载,且必须在6号线隧道衬砌达到预定强度后,再施工该隧道。该隧道结构设计不必考虑6号线,但在施工时,必须避免对6号线隧道的扰动和破坏。

7.3.3 工程穿越地区地面建(构)筑物

渝中连接隧道穿越重庆市的中心城区渝中区,地面建(构)筑物密集,部分房屋建筑修建年代久远,基础资料不齐备或保管不善,导致无法取得可靠的地基基础资料。已经查明的沿线主要建构筑物基础特征见表7.1。

渝中连接隧道沿线主要建(构)筑物基础特征表　　表7.1

建(构)筑物	与隧道位置关系	拟建隧道底或顶高程(m)	建筑层数	底层高程(m)	基础形式	基底高程(m)
金禾大厦	K13+818右10m	底:223.47	10F/-4F	215.80	桩锚挡墙	221.10
轮船公司大楼	K13+847~K13+884隧顶	顶:227.89~228.29	4F~6F	232.84	条形、箱形独立柱基	229.30
重庆市一院门诊部	K13+925~K13+943隧顶	顶:226.37~225.13	2F~9F	236.14	桩基础	226.00
民生大厦还建楼	K13+972右26m	—	14F	235.60	条形基础	234.00
龙门浩房管所	K13+963~K13+978隧顶	顶:224.89~224.21	13F/-1F	232.50	独立柱基	229.80

续上表

建(构)筑物	与隧道位置关系	拟建隧道底或顶高程(m)	建筑层数	底层高程(m)	基础形式	基底高程(m)
农行重庆市分行	K13 +985 ~ K14 +008 隧顶	顶:223.97 ~ 222.97	3F ~ 28F	251.03	筏形基础 独立柱基	249.00
农行重庆分行住宅楼	K13 +988 ~ K14 +010 隧顶	顶:223.81 ~ 223.01	12F	246.15	条形基础	231.00
轨道交通1号线小什字站	K14 +035 ~ K14 +055 隧顶	顶:222.09 ~ 221.67	地下站	隧道穿越段与小什字站同时施工		
渝中区国税局住宅楼	K14 +037 ~ K14 +047 隧顶	顶:222.03 ~ 221.77	8F	255.98	条形基础	254.10
万吉广场	K14 +039 ~ K14 +051 隧顶	顶:221.99 ~ 221.73	13F/ -1F	248.00	扩展基础	245.00
筷子街65号楼	K14 +055 ~ K14 +103 隧顶	顶:221.68 ~ 221.74	11F	249.30	桩基础 独立柱基	241.07
重旅大厦	K14 +145 左17m	—	挡墙	—	钻孔桩	230.00
重庆市第二中院门诊部	K14 +333 ~ K14 +350 隧顶	顶:230.67 ~ 231.35	7F	243.07	条形基础 独立柱基	236.67
重庆市第二中院住院部	K14 +358 ~ K14 +379 隧顶	顶:231.55 ~ 232.55	7F ~ 10F	237.38	筏形基础 独立柱基	234.85
华夏银行	K14 +332 ~ K14 +381 隧顶	顶:230.67 ~ 232.55	14F/ -1F	240.22	独立柱基	236.30
沧白大厦主楼	K14 +394 右10m	顶:233.02	28F	234.01	桩基础	228.20
沧白大厦附楼	K14 +388 ~ K14 +444 隧顶	顶:233.03 ~ 233.59	11F	236.95	桩基础	230.20
嘉陵江客运索道楼	K14 +457 ~ K14 +486 隧顶	顶:233.83 ~ 235.15	5F	237.00	筏形基础 独立柱基	230.33

综合分析沿线邻近地面建筑物的楼层高度以及与隧道的近接程度和相互影响，除开拟拆迁的建筑外，金禾丽都、近接市一院段、中国农业银行重庆市分行办公楼及住宅楼、筷子街65号楼、民族路道路、华夏银行（七天连锁酒店）、西南证券（又名沧白大厦主楼）群楼的基础与隧道间的距离较小，特别是西南证券群楼属于结构重点处理对象。特殊加固建筑物与隧道关系见表7.2。

特殊加固建筑物与隧道关系表 表7.2

建(构)筑物	与隧道位置关系	拟建隧道底或顶高程(m)	建筑层数	基础形式	基底高程(m)	顶底距离
金禾丽都	K13+819 右0m	底:224.043	31F	桩锚挡墙	221.10（挡墙基底）	-2.94m
重庆市一院门诊大楼	K13+925～K13+943 左0.38m	顶:226.37～225.13	9F	桩基础	231.0	约4.9m
农行重庆分行办公楼	K13+985～K14+008 隧顶	顶:223.97～222.97	3F(群楼) 28F(主楼)	筏形基础 独立柱基	249.00	约26m
农行重庆分行住宅楼	K13+988～K14+010 隧顶	顶:223.81～223.01	12F	条形基础	231.00	约8m
轨道交通一号线小什字站	K14+035～K14+055 隧顶	顶:222.09～221.67	地下站	厚板	—	顶底板共用
筷子街65号楼	K14+055～K14+103 隧顶	顶:221.68～221.74	11F	桩基础 独立柱基	241.07	约19m
华夏银行（七天连锁酒店）	K14+332～K14+381 隧顶	顶:230.67～232.55	14F	独立柱基	236.30	约3.8m
西南证券裙楼	K14+394 右0m	顶:233.02	28F	桩基础	228.20	-4.8m

1）紧邻并侵入金禾丽都侧墙段

渝中连接隧道右线明挖段K13+819.214处紧邻金禾丽都一角，若按正常段明挖结构设计，右线隧道右侧侧墙将侵入金禾丽都地下室15cm，因此该处2m范围内侧墙厚度由70cm减薄至40cm，明洞结构进行特殊配筋处理，可保证结构的安全。因明洞基础位于金禾丽都基础之上，开挖对建筑基础的影响不大，但该段必须采用机械及人工开挖，避免对建筑侧墙及基础的影响。

2）近接市一院段

渝中连接隧道暗挖段左线ZK13+901.131~ZK13+965下穿市一院，因门诊大厅及Y刀室位于隧道正上方，隧顶与其基础相距最近处约1m，所以门诊大厅及伽玛刀室需拆迁。而门诊部主楼与隧道接近，最近处水平距离约38cm，隧道顶与其基础距离约3.8m。该楼为9层建筑，基础为桩基础。

该段隧道为小净距隧道（岩间距为1.54~2.72m），衬砌结构以型钢拱加密设置作为初期支护的加劲措施，以小导管预注浆作为超前预支护措施，二次衬砌采用70cm厚钢筋混凝土结构。该段施工方法采用侧壁导坑法，左右洞均必须采用非爆破方式开挖，避免影响医院的正常工作，且必须其中一洞先行，待先行洞二次衬砌浇筑完成并达到强度后，方能开挖后行洞。该段施工期间必须严格对市门诊部大楼实施监控量测，确保建筑物的安全。

3）下穿农业银行办公楼（28F）及住宅楼（12F）

渝中连接隧道暗挖段左线K13+985~K14+012下穿中国农业银行重庆分行办公楼一角，该楼为28层的高层建筑，基础为筏板基础，隧道拱顶距基底高程约26m；右线K13+982.745~K14+009.225段下穿中国农业银行重庆分行住宅楼，该楼为12层，条形基础，隧道拱顶距基底高程约8m。

该段隧道为小净距隧道（岩间距为3.155~3.49m），衬砌结构以型钢拱加密设置作为初期支护的加劲措施，以小导管预注浆作为超前预支护措施，二次衬砌采用50cm厚钢筋混凝土结构。该段施工方法采用侧壁导坑法，并须严格控制爆破振速，避免对其上建筑基础的影响，且必须其中一洞先行，待先行洞二次衬砌浇筑完成并达到强度后，方能开挖后行洞。

经结构计算分析，采用小净距隧道设计方案下穿农行重庆分行及其住宅楼可行，现有设计支护参数及施工方案可以满足小净距隧道稳定性及安全性要求，亦能确保顶部建筑筏板基础、条形基础的沉降稳定。除初期支护个别点位受拉应力较大，施工时应加强拱脚、拱墙连接部位的处理外，小净距隧道支护受力不大，可满足承载力要求。

4）下穿轨道交通1号线小什字车站段

渝中连接隧道左线ZK14+034.622~ZK14+056.629（共22.007m）、右线YK14+030.815~YK14+052.824（共22.009m）下穿轨道交通1号线小什字车站，小什字车站采用厚板方案跨越车行隧道，车站底板已先期施工完成，底板以下50cm范围内车行隧道下穿侧墙与板同期施工，并埋设钢筋接驳器。该段车行隧道采用两等跨箱形结构，与车站共用其底板，并将车站底板（厚板结构）作为车行隧道的顶板。因此，该隧道施工为避免对小什字车站的扰动，必须采用人工或机械开挖等非爆破方式开挖。

5）下穿筷子街65号段

渝中连接隧道直接下穿筷子街65号大楼，该楼为11层的桩基础建筑，大楼桩基础底部距离隧道初期支护拱顶18.5m，且直接位于隧道顶部。

该段隧道为小净距隧道Ⅳ级围岩段，围岩条件较好，衬砌结构以型钢拱作为初期支护的加劲措施，以小导管预注浆作为超前预支护措施，二次衬砌采用钢筋混凝土结构。该段施工须严格控制爆破振速，避免对其上建筑基础的影响，且必须其中一洞先行，待先行洞二次衬砌浇筑完成并达到强度后，方能开挖后行洞。

经结构计算分析，采用小净距隧道现有设计方案下穿筷子街65号，现有设计支护参数及施工方案可以满足小净距隧道稳定性及安全性要求，亦能确保顶部建筑基础的沉降稳定。

6）下穿民族路段

渝中连接隧道直接下穿民族路街道，路面距离隧道初期支护拱顶约12m，除去软弱素填土，则隧道顶部围岩为8m。

该段隧道为连拱隧道Ⅳ级围岩段复合式中墙结构，围岩条件较好，但埋深较浅,衬砌结构以型钢拱加密设置作为初期支护的加劲措施,以小导管预注浆作为超前预支护措施,二次衬砌采用钢筋混凝土结构。该段施工采用中导洞+左右洞单侧壁导坑法,须严格控制爆破振速,避免对其上道路的影响,且必须其中一洞先行,待先行洞二次衬砌浇筑完成并达到强度后,方能开挖后行洞。

7)紧邻并局部下穿华夏银行(七天连锁酒店)段

华夏银行独立柱基础底部距离渝中连接隧道初期支护拱顶3.83m,边柱、中柱与隧道外边墙的距离为0~8.85m,空间距离非常接近,两者相互影响较大。

该段为整体式连拱隧道,处理方案为:

(1)超前注浆小导管辅助施工,管径42mm。

(2)喷射混凝土内加密设置I20a型钢拱架,间距0.4m。

(3)二次衬砌采用C30钢筋混凝土。

该段施工采用中导洞+左右洞单侧壁导坑法,并须采用人工或机械等非爆破开挖方式,避免对其上建筑基础的影响,且必须其中一洞先行,待先行洞二次衬砌浇筑完成并达到强度、中洞靠左侧洞抵抗回填完成后,方能开挖后行洞。

7.3.4 西南证券裙楼

渝中连接隧道右洞在YK14+386.5附近侧穿西南证券大楼裙楼,该段隧道采用明挖施工,整体式双室箱形结构,结构顶回填厚度约为5m。裙楼为4层混凝土结构,地下室地面高程为234.01m,其WGZJ-44号桩基础位于隧道右侧侧墙,桩顶高程为232.8m,桩底高程为228.2m,位于隧道侧墙中部偏下的位置,桩身进入隧道结构86cm,侵入隧道建筑限界约3cm。隧道开挖将破坏WGZJ-44桩嵌岩段的岩体,减小桩基的嵌固力,危及沧白大厦主楼的安全。西南证券WGZJ-44桩与渝中连接隧道平面位置关系如图7.2所示,断面位置关系如图7.3所示。

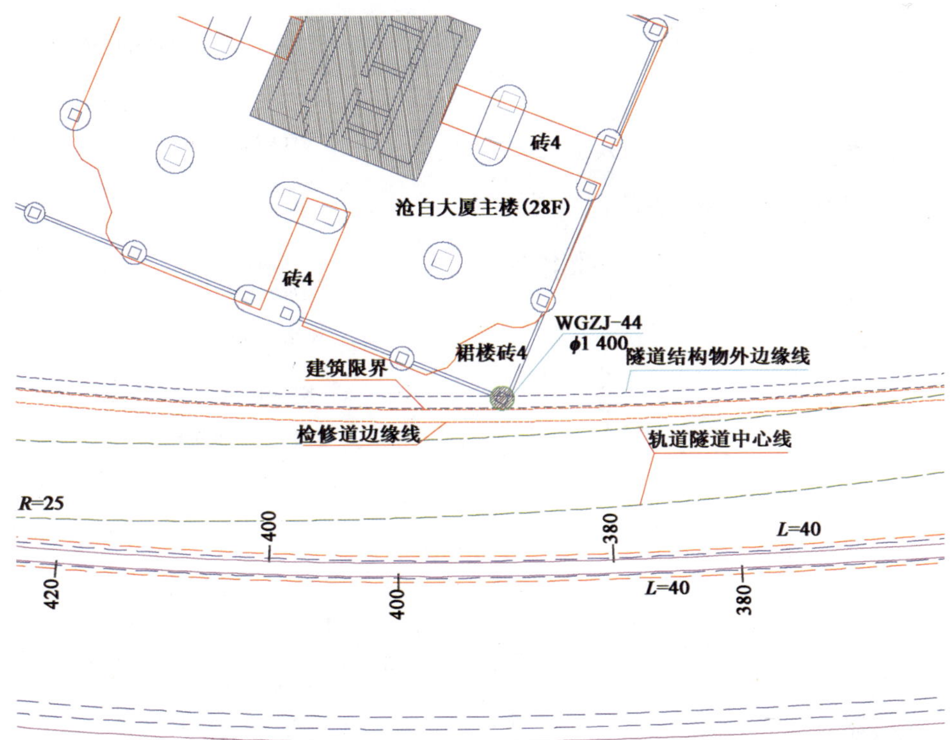

图7.2 西南证券 WGZJ-44 桩与渝中连接隧道平面位置关系(桩号及曲线数据单位:m;直径单位:mm)

1)处治方案总体思路

从路线方案上看,该段隧道路线线位受两端大桥接线线位的控制,同时考虑到周边众多构建筑物的制约,路线不具备大范围大幅度调整的可能性。西南证券大楼裙楼 WGZJ-44 号桩基础位于右线隧道右侧侧墙,其桩身进入隧道结构 86cm,侵入隧道建筑限界约 3cm。若保留原桩体并采取相关保护措施,则桩身及其保护措施势必侵入隧道建筑限界。故本次方案研究的总体思路为:在满足相关规范要求的前提下,对路线线位进行局部微调,或在规范允许范围内,对隧道局部建筑限界进行压缩,一方面减小角桩及其保护措施对隧道建筑限界的影响,另一方面减小隧道施工对建筑桩基的扰动,同时,在有限空间内,对角桩进行保护加固设计,以确保建筑安全。

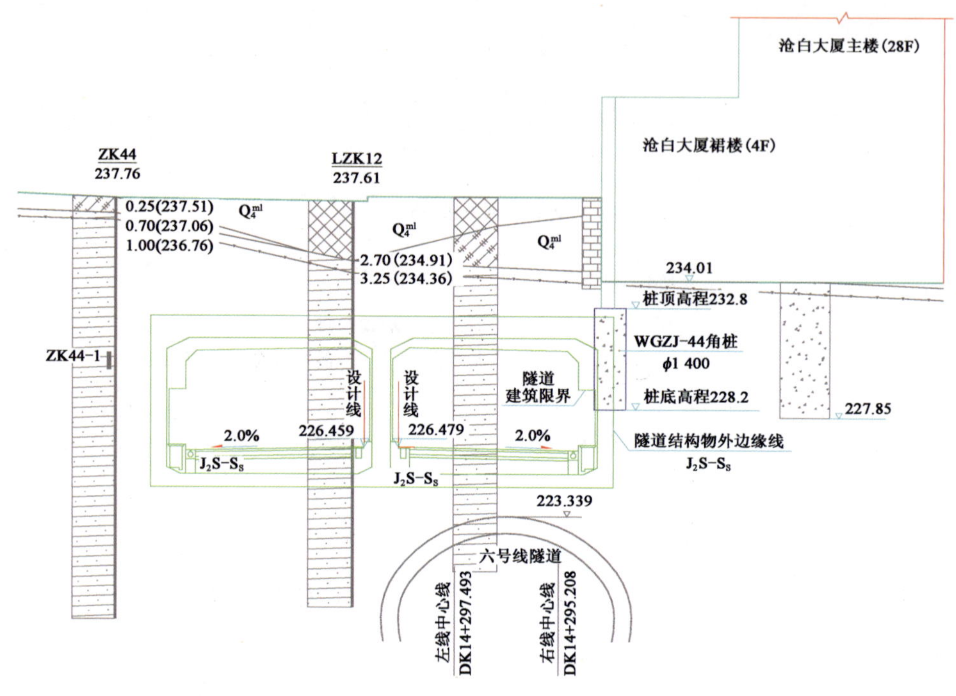

图7.3 西南证券WGZJ-44桩与渝中连接隧道断面位置关系(高程单位:m;直径单位:mm)

2)路线及建筑限界调整方案

为解决角桩及其保护措施侵入隧道建筑限界的问题,拟对隧道近接西南证券大楼段路线或隧道建筑限界进行局部微调。路线调整主要受另一侧高层建筑华夏银行、解放碑地下停车系统三期工程、千厮门嘉陵江大桥及西南证券大楼控制,路线调整幅度非常有限。路线调整方案分为左右线整体平移及右线局部偏移两个方案:左右线整体平移即保持隧道左右线中隔墙厚度(厚度为80cm)不变(左右线设计线间距不变),路线左右线整体向西侧偏移20cm,以避开西南证券角桩对隧道建筑限界的影响,但该方案将影响解放碑地下停车系统接口工程平面坐标,进而影响整个地下停车系统方案;右线局部偏移即将隧道左右线中隔墙厚度进行压缩(最小处净距为60cm),维持路线左线不变,将右线向西侧偏移20cm,以避开西南证券角桩对隧道建筑限界的影响。右线局部偏移方案的影响范围为170余米,从路线角度来看,该方案对左线无影响，但由于该段隧道均为整体式中墙结构，设计线间距的变化将会影响左线相应段落隧道结构。该方案在路线调整影响范围内的解放碑地下停车系统接口工程分叉段箱形结构中，单跨结构跨径达 20m，且该处结构顶板以上覆土厚度达 3m，60cm 中墙厚度无法满足要求，且实施该方案需要对影响范围内隧道结构进行重新设计计算。

原隧道建筑限界净宽为 9m ＝0.25m（余宽）＋0.50m（路缘带）＋2×3.50m（车行道）＋0.50m（路缘带）＋0.75m（检修道），其路缘带宽度（0.5m）尚存富余，可考虑取规范要求最小值 0.25m，以压缩隧道建筑限界，避免角桩及其保护措施对建筑限界的影响。具体调整方式为：维持原设计路线线位不变，在西南证券大楼 44 号角桩处 10m 范围内将右线隧道右侧路缘带宽度设为规范最小值 25cm，同时在前后各设置 15m 长的过渡段，以消化该处右侧路缘带与正常段右侧路缘带宽度 25cm 的变化量。调整后的右线隧道局部建筑限界净宽为 8.75m＝0.25m（余宽）＋0.50m（左侧路缘带）＋2×3.50m（车行道）＋0.25m（右侧路缘带）＋0.75m（检修道）。该方案仅影响隧道右线小部分隧道主体结构方案及防排水系统等。

对于路线调整方案，安全风险突出、结构设计施工难度高、对工期影响较大，相比之下，局部调整隧道建筑限界对隧道施工安全、工期进度等影响较小，同时也可以减少不必要的工程浪费。故采用局部调整隧道建筑限界方案，在满足相关规范的前提下，为角桩保护措施预留约 22cm 的空间。

3）角桩保护方案

由以上路线及建筑限界调整方案研究可知，采用局部调整隧道建筑限界方案，可为角桩保护措施提供最大约为 22cm 的空间。根据实际条件，结合各种影响因素，排除桩基托换处理方案，在此有限空间内，拟订了以下几种角桩保护方案。

（1）方案 1：采用箱形梁＋预应力锚索的支护方案，预应力锚索沿垂直方向的间距为 1m。预应力锚索布置在桩两侧，通过箱形梁连接；预应力锚索布设在箱形梁上，由锚固段、自由段和紧固头 3 部分组成，紧固头由腰梁、钢垫板和锚具组成。锚索长度包括锚固段长度、自由段长度，张拉段根据具体情况留设。

(2)方案2：采用预应力钢绞线与桩侧预应力锚索支护的联合支护方案，预应力锚索沿垂直方向的间距为1m，由锚固段、自由段和紧固头3部分组成，紧固头由腰梁、钢垫板和锚具组成。锚索长度包括锚固段长度、自由段长度，张拉段根据具体情况留设。特制双向钢锚具，在横向两道预应力锚索之间施加预应力。

(3)方案：采用钢异型板+预应力锚索的支护方案，预应力锚索沿垂直方向的间距为1m，钢异型板高度为40cm。预应力锚索布置在桩两侧，通过钢异型板连接；预应力锚索布设在钢异型板上，由锚固段、自由段和紧固头3部分组成，紧固头由腰梁、钢垫板和锚具组成。锚索长度包括锚固段长度、自由段长度，张拉段根据具体情况留设。锚固完成后在其外侧施作现浇钢筋混凝土保护层(至少7.5cm厚，部分可达20cm，且按构造配筋)，钢异型板与桩体之间的空隙用混凝土进行填充。

从对隧道建筑限界的影响、施工操作性及对隧道主体结构的影响等因素对角桩方案进行比选，见表7.3。

角桩保护方案比较 表7.3

方案	方案描述	优缺点
方案1	箱形梁+预应力锚索	箱形梁制作及施工较为简单，工艺明确，同时可以提供足够的刚度，没有对桩下岩体进行破坏，但侵入隧道限界过大
方案2	预应力钢绞线与桩侧预应力锚索支护	双向钢锚具的办法创新性及适用性均较强，工艺明确，施工较为简单，没有对桩下岩体进行破坏，此方法可为主体的外边界提供更大的空间，但钢绞线预应力损失不可避免，耐久性不够
方案3	钢异型板+预应力锚索	采用钢异型板的施工简单，工艺明确，能提供足够的刚度，还可封闭锚固体系，确保桩周岩体不受地下水的影响，可更好的保护桩下岩体，侵入建筑限界合理，满足锚固结构对桩周岩体保护的要求

受周边环境条件制约，在满足相关规范规程的前提下，路线方案及隧道建筑限界的调整幅度及范围有限，隧道建设对西南证券大楼裙房44号角桩

的影响不可避免，综合考虑保护方案的可靠性、施工工艺、耐久性及对隧道建筑限界的影响，优先采用方案3作为西南证券大厦44号角桩保护方案。

4)隧道结构方案

根据角桩保护方案3(异型钢板+预应力锚索)的要求，桩侧左右各1倍桩径范围内岩体应保留，故该段隧道右侧沿纵向长4.2m边墙无法施作，拟在隧道中墙及侧墙中设置暗柱，顶板设计暗梁的方案解决结构承载问题。由于该段隧道顶板以上回填覆土厚度高达5.5m，为减小覆土荷载，拟在该段设置结构架空层。考虑到隧道防水，拟在角桩保护措施外设置钢筋混凝土带肋板护面，护面板与隧道结构连为整体，构造配筋。该段隧道结构以结构自防水为主，隧道结构及护面板采用现浇防水混凝土，其抗渗等级不小于P10。隧道顶铺设双面自粘防水卷材，防水卷材与建筑结构外墙之间刷水泥砂浆1道，确保防水卷材与外墙密贴，防水卷材端部设密封胶封口；隧道顶部边缘沿纵向设导水盲管，以便该处积水快速疏散；洞顶回填表面根据地势设截水沟及排水设施，避免地表积水渗透。结构方案断面、平面如图7.4、图7.5所示。

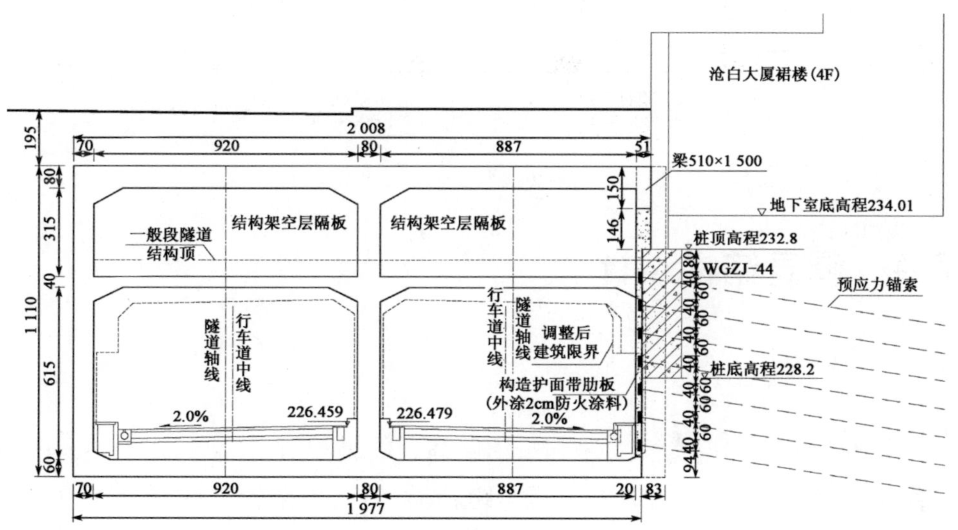

图7.4 结构方案断面图(高程单位：m；尺寸单位：cm)

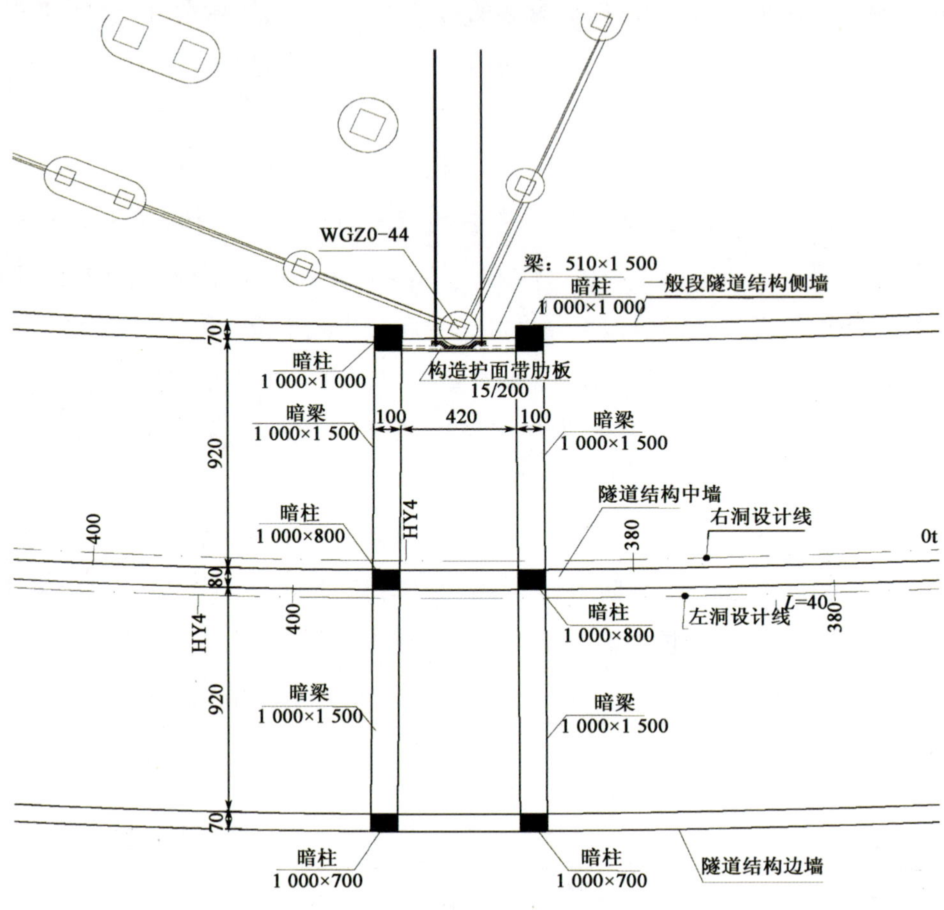

图 7.5　结构方案平面图(尺寸单位:cm)

7.4　洞身结构设计

7.4.1　明挖段设计

该项目进出口段受陕西路和沧白路高程的影响,且考虑到施工的方便性和结构的经济性,明洞结构采用两等跨箱形结构,根据隧道埋深及周边构造物情况,东水门端进口左线 ZK13 + 780. 506 ~ ZK13 + 882. 259、右线 YK13 + 782 ~ YK13 + 882. 363 段、千厮门段出口左线 ZK14 + 367. 78 ~ ZK14 +

501.343、右线 YK14 + 360.435 ~ YK14 + 493.618 段，共 468.862m（其中左线 235.316m、右线 233.546m）采用明挖施工及明挖结构。根据回填高度及拱顶荷载的不同，设置了不同的结构厚度和形式，详见表 7.4。

明挖隧道衬砌参数表　　表 7.4

项目	明挖段Ⅰ型断面图	明挖段Ⅱ型断面图	明挖段Ⅲ型断面图	明挖段Ⅳ型断面图	明挖段Ⅴ型断面图	明挖段Ⅵ型断面图
底板(cm)	60	60	60	60	60	60
侧墙(cm)	70	70	70	70	70	70
顶板(cm)	90	90	80	100	80	100
中墙形式	整体式中墙	整体式中墙	整体式中墙	整体式中墙	分离式中墙	分离式中墙
适用类型	下穿沧白路段	下穿陕西路段	拱顶填土厚度小于 3m	拱顶填土厚度 3 ~ 6m	拱顶填土厚度小于 3m	拱顶填土厚度 3 ~ 6m

明挖段Ⅰ型衬砌断面如图 7.6 所示。

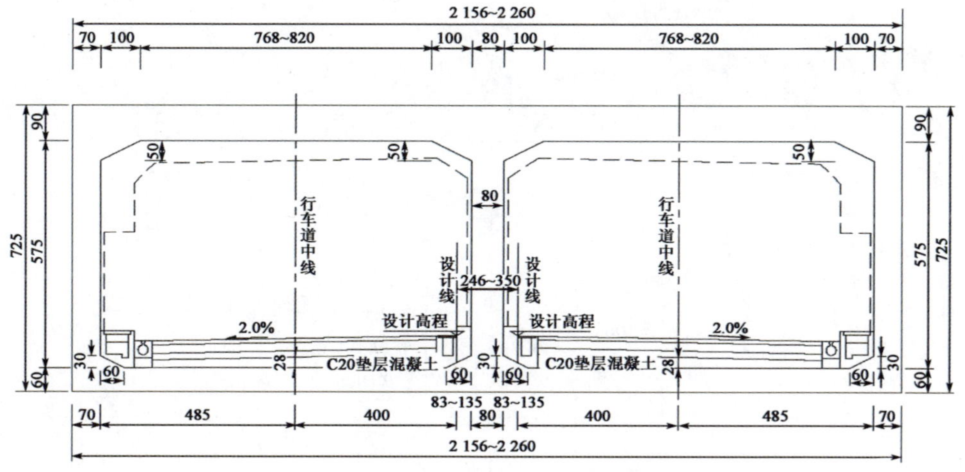

图 7.6　明挖段Ⅰ型衬砌断面图(尺寸单位:cm)

7.4.2　普通暗挖段设计

考虑到周边建筑的影响，并充分结合线形、施工的难易及方便性，该隧道灵活采用了连拱 + 小净距隧道结构类型，隧道线间距为 1.5 ~ 5.36m 时，采用连拱隧道结构；大于 5.36m 时，采用小净距隧道结构。根据线间距的不同，连拱隧道分整体式直中墙（线间距为 1.5～2.5m）、复合式直中墙（线间距为 2.5～3.9m）、复合式曲中墙（线间距为 3.9～5.36m）3 种类型。

除特殊加固段落外，普通段暗挖隧道初期支护以喷射混凝土、锚杆、钢筋网为主要支护手段，二次衬砌采用 C30 混凝土或钢筋混凝土，整体式模板台车浇筑。洞口加强段辅以型钢拱作为初期支护的加劲措施，并分别以超前大管棚预注浆作为超前预支护措施；V 级围岩段连拱隧道、小净距隧道辅以钢拱架作为初期支护的加劲措施，以小导管预注浆作为超前预支护措施；IV 级围岩连拱隧道采用型钢拱加强初期支护，小净距隧道采用格栅拱加强初期支护。考虑暗挖段基础均位于中风化砂泥岩上，承载力足够，因此，通长不设置仰拱。

暗挖段隧道衬砌支护参数见表 7.5。

暗挖段隧道衬砌支护参数表 表 7.5

项目	初期支护				二次衬砌（cm）	辅助措施		左右洞线间距（m）	左右洞中墙厚度或岩间距（m）
	C20 喷射混凝土（cm）	ϕ6.5 钢筋网	系统锚杆						
整体式中墙连拱隧道Ⅳ级围岩段	24	@20×20cm	@100×100cm	L=3.5m	55	ϕ42 超前小导管，L=4.0m，环距 40cm	18 工字钢拱 @100cm	1.5～2.5	0.8～1.8
复合式直中墙连拱隧道Ⅳ级围岩段	24	@20×20cm	@100×100cm	L=3.5m	55	ϕ42 超前小导管，L=4.0m，环距 40cm	18 工字钢 @100cm	2.5～3.9	0.7～2.1
复合式曲中墙连拱隧道Ⅴ级围岩段	26	@15×15cm	@100×80cm	L=3.5m	60	ϕ42 超前小导管，L=5.0m，环距 40cm	20a 工字钢拱 @80cm	3.9～5.36	0.8～2.26
复合式曲中墙连拱隧道Ⅳ级围岩段	24	@20×20cm	@100×100cm	L=3.5m	55	ϕ42 超前小导管，L=4.0m，环距 40cm	18 工字钢 @100cm	3.9～5.36	0.9～2.36

续上表

项　目	初 期 支 护				二次衬砌(cm)	辅 助 措 施		左右洞线间距(m)	左右洞中墙厚度或岩间距(m)
	C20 喷射混凝土(cm)	ϕ6.5 钢筋网	系统锚杆						
小净距隧道Ⅴ级围岩段	24	@15×15cm	@100×80cm	L=3.5m	50	ϕ42 超前小导管,L=5.0m,环距 40cm	18 工字钢 @80cm	≥5.36	≥2.0
小净距隧道Ⅳ级围岩段Ⅳa 型	20	@20×20cm	@100×100cm	L=3.5m	45	ϕ42 超前小导管,L=4.0m,环距 30cm	钢格栅拱 @100cm	≥5.36	≥2.0
小净距隧道Ⅳ级围岩段Ⅳb 型	20	@20×20cm	@100×100cm	L=3.5m	45	ϕ42 超前小导管,L=4.0m,环距 40cm	钢格栅拱 @100cm	≥5.36	≥2.0
下穿七天连锁酒店衬砌	26	@15×15cm	@80×80cm	L=3.5m	60	ϕ42 超前小导管,L=5.0m,环距 40cm	20a 工字钢拱 @40cm	2.08~2.78	1.38~2.08
隧道下穿民族路段Ⅳa 型衬砌	26	@15×15cm	@100×80cm	L=3.5m	60	ϕ42 超前小导管,L=5.0m,环距 40cm	20a 工字钢拱 @50cm	2.78~3.9	2.08~3.2
隧道下穿民族路段Ⅳa 型衬砌	26	@15×15cm	@100×80cm	L=3.5m	60	ϕ42 超前小导管,L=5.0m,环距 40cm	20a 工字钢拱 @50cm	3.9~4.36	0.8~1.26
隧道下穿中国农业银行段衬砌	24	@15×15cm	@80×80cm	L=3.5m	50	ϕ42 超前小导管,L=5.0m,环距 40cm	18 工字钢拱 @40cm	6.84~7.17	3.16~3.49
近接市一院段衬砌	26	@15×15cm	@80×80cm	L=3.5m	60	ϕ42 超前小导管,L=5.0m,环距 40cm	20a 工字钢拱 @50cm	5.36~6.54	1.54~2.72

注:隧道二次衬砌均采用 C30 钢筋混凝土,系统锚杆为 ϕ22 砂浆锚杆等。

整体式中墙连拱隧道Ⅳ级围岩段衬砌断面如图7.7所示。

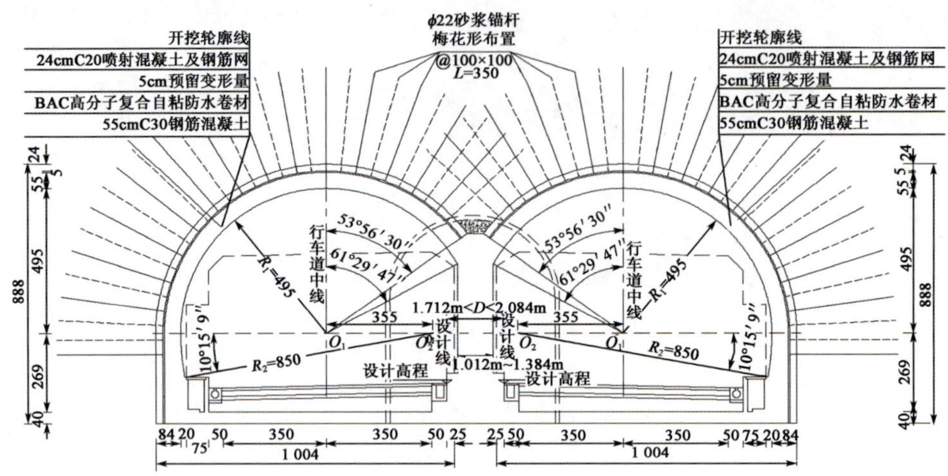

图7.7 整体式中墙连拱隧道Ⅳ级围岩段衬砌断面图(尺寸单位:cm)

7.5 洞口设计

渝中连接隧道洞口位于主城区,洞门方案强调简洁明快并与周边环境相协调。隧道进口端下穿陕西路,洞顶为人行道,为避免压抑感并确保行人安全,隧道以环框式明洞直接进洞,并在洞顶设人行护栏,简洁、明快、安全。隧道出口下穿沧白路,因与左右连接地面交通的两下穿沧白路的匝道紧邻,结合洞口结构处理问题,隧道洞口里程已侵占原有路面和人行道,考虑到人行道的设置,洞口明洞顶板悬挑3m作为人行道,并设置人行护栏,进口仍以简洁明快的两跨箱形明洞直接进洞。

隧道出口周边环境相对复杂,下穿沧白路后与千厮门大桥相接,洞口左右两侧各有一条匝道下穿沧白路,还有地下停车系统的分流匝道,导致该出口端道路交错,结构复杂,影响洞门方案的因素主要有以下几点:

(1)千厮门大桥:隧道出口直接与千厮门大桥相接,隧道洞口与千厮门大桥桥台的间距约为2.1m,且洞口地形陡峭,桥台基坑与隧道基底围岩、明洞与桥台结构间存在很大的相互干扰,因此,桥隧相接的技术问题突出。

（2）轨道交通隧道：渝中连接隧道出口端底部有轨道交通隧道，两隧道间围岩夹层厚度仅3m左右，存在两隧道共建的技术难题。

（3）沧白路：渝中连接隧道下穿沧白路，隧道结构顶板与目前沧白路的位置出现交叠，需对沧白路进行调坡处理。并且由于沧白路的存在，导致渝中连接隧道洞口位置受到很大的局限。

（4）地下车库连接道：由于渝中连接隧道左洞需设置1条进入渝中地下停车系统的匝道，导致该隧道结构断面需要加大，使隧道洞口的结构设计更为复杂。

（5）A匝道下穿道：A匝道沿沧白路（为单行车道）左侧设置，采用下穿道的方式穿过沧白路后，接入千厮门大桥。A匝道设计车速20km/h，按单向单车道匝道设置。A匝道下穿道采用明挖结构，与渝中连接隧道洞口明挖结构间距1.7～7.5m，施工过程中，必须对A匝道与渝中连接隧道洞口明挖工程进行统筹考虑。

（6）B匝道下穿道：B匝道沿千厮门大桥左侧设置，通过右转匝道下穿沧白路后，接入沧白路右侧，最终与沧白路并线。B匝道设计车速20km/h，按单向单车道匝道设置。该匝道由于受洪崖洞建筑结构的限制，其路线结构部分侵入渝中连接隧道洞口内，需与渝中连接隧道洞口段进行合建。

（7）洪崖洞民俗风貌区：洪崖洞民俗风貌区是重庆历史文化的见证和重庆城市精神的象征，傍山而建，其地下结构更是深入既有边坡岩体内，导致隧道结构基础可能与其冲突，给渝中连接隧道洞口段的结构设计和施工带来了很大的制约。

渝中连接隧道出口端受地下停车系统连接匝道的影响，需对左侧驶入匝道段进行加宽处理，因此，渝中连接隧道出口端采用两跨非对称环框式明挖结构。隧道出口端B匝道由于受洪崖洞建筑的影响，展线困难，只能绕避洪崖洞建筑，因此，B匝道结构与连接隧道出口段结构出现平面交叉，只能采用架空方案解决结构互交的问题。

明洞结构一般有拱形结构和平顶板结构2种，该隧道出口净空高度受限,因此,只能采用明挖矩形结构。明挖矩形结构一般有 3 种:独立基础门式结构、桩基础门式结构和框架结构。独立基础门式结构一般适用于地质条件较好,围岩侧压力较小的情况;桩基础门式结构一般适用于地质条件较差,基底围岩承载力不足,或需跨越结构底部的构筑物;框架结构适用于地质条件中等,且侧壁具有一定水平推力的情况。由于轨道 6 号线隧道位于中墙下方,所以桩基础门式结构在此种条件下不适用。另外,虽然明挖隧道区域围岩条件较好,结构基础下为中风化砂岩,采用扩大基础门式结构是合适的,但扩大基础对底部的轨道交通隧道存在集中荷载的影响,对下部隧道结构受力不利。因此,为了进一步扩散结构的基底应力,减小该工程对轨道 6 号线隧道结构的影响,确定该工程采用框架结构形式。

隧道东水门端洞口及千厮门端洞口断面分别如图 7.8、图 7.9 所示。

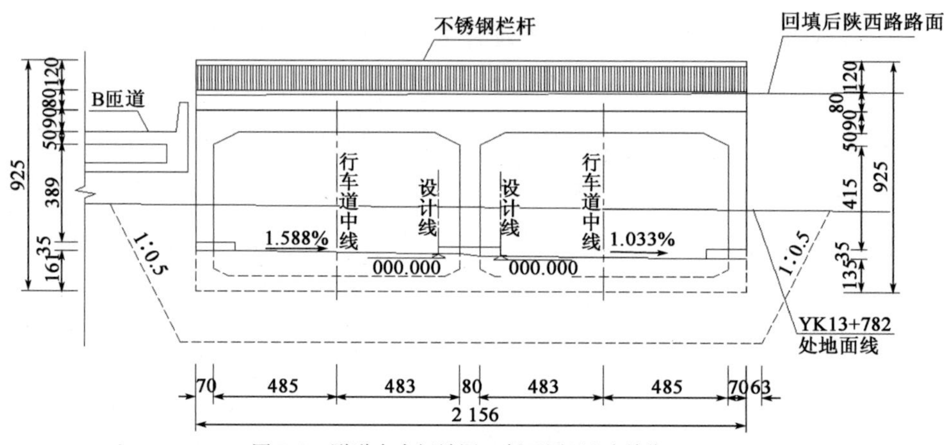

图 7.8 隧道东水门端洞口断面图(尺寸单位:cm)

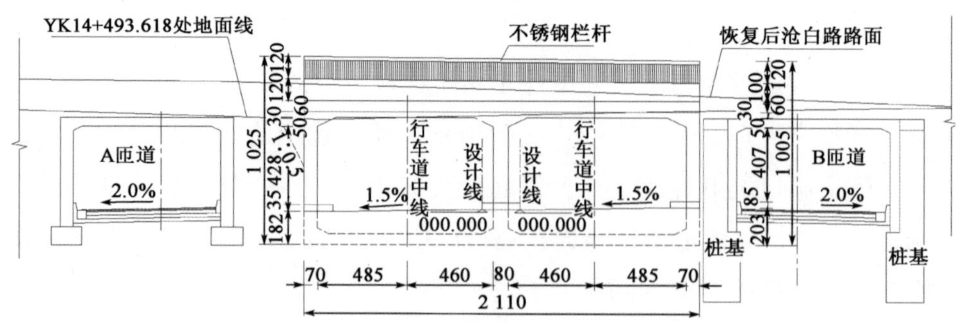

图 7.9 隧道千厮门端洞口断面图(尺寸单位:cm)

8 重庆两江大桥创新设计的思考

8.1 越江复合交通公轨桥隧一体化设计技术的应用前景

随着国家经济发展和城市化进程，综合交通一体化成为城市建设的重要发展战略之一。城市轨道交通正在各地兴起，并快速发展和高速增长。在综合交通一体化建设思想下，公轨复合交通的城市桥梁将大幅度增加。

在我国"资源节约型、环境友好型社会"建设背景下，城市桥梁作为重大或大型市政工程项目，不仅仅需要满足交通功能上的要求，更要与环境相协调，并具有一定的景观特性。

在我国已建数量众多的城市桥梁中，不乏兼具功能与景观特色的桥梁，也有不太成功的工程实例，桥梁造型的创新设计难度正在随着桥梁建设数量、规模的增多而不断加大。特别是山地城市桥梁建设环境的复杂性、特殊性和多样性，更进一步提高了桥梁设计的难度。

从我国的社会建设新目标、城市化进程、轨道交通建设、城市桥梁建设的趋势和发展前景来看，重庆两江大桥工程的越江复合交通公轨桥隧一体化设计技术，具有较高的参考价值。

8.2 山地城市桥梁创新设计的思考

1)多层桥面设计构思

公轨两用桥采用双层桥面结构已很常见，而多层桥面思想正在被提出，多层桥面对于山地城市竖向空间明显的特征能够很好地满足，从而可以解决因为高差问题实现上、中、下道路之间的连通难题，不但可以实现结构设计的美学特点,而且可以大大节约工程投资。

重庆郭家沱长江大桥规划桥位,由于两岸地形地貌和轨道线路规划线位,存在实现道路分流和工程分期建设的条件。桥型与道路接线方案研究中,对于主跨720m双塔3跨连续钢桁梁悬索桥方案,提出过3层桥面方案,桥型立面布置如图8.1所示。该方案与传统的双层主桁方案比较,不仅具有提高桁梁刚度、整体景观协调、近期实现八车道通行且便于远期实施等优点,更可有效减少工程量,缓解近期工程投资,体现了桥梁建设可持续发展思想。

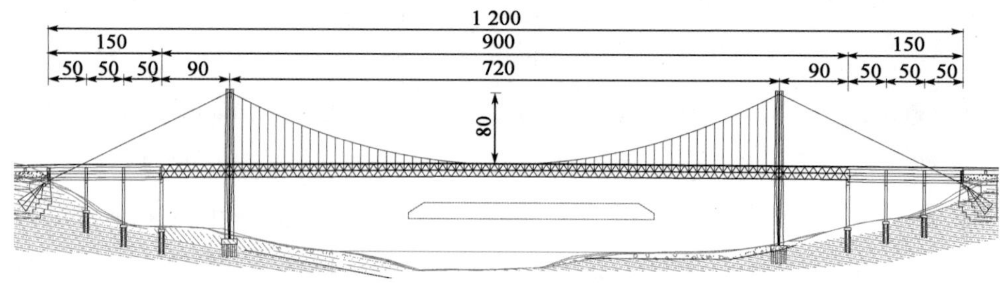

图8.1 郭家沱长江大桥3层桥面方案立面布置(尺寸单位:m)

2)山地城市桥梁造型应更注重结构美

随着人类社会物质文明和精神文明水平的提高,对桥梁的要求也不再局限于单纯的跨越功能的要求,而是追求形体更为完美的桥梁,使其具有艺术价值,以满足人们精神方面的要求。现在我国不少城市桥梁或多或少都是"景观桥",在桥梁造型方案上,设计者大费周章。在一些平原城市,为了追求一桥一景,出现了一批"假结构、真景观"的桥梁,例如梁桥配假悬索、斜拉索、假拱片层等,其中部分桥梁适应了周围的环境,做到了比真悬索桥、斜拉索、拱桥更简单的施工工艺,更低的造价,却达到了较好的效果。

对于山地城市特别是重庆而言,由于地形起伏大、江河切割深及通航、行洪要求等,桥梁具有跨径大、桥墩高、造价不菲的特点,仅从外部装饰不能达到效果,桥梁总体造型应从结构本身的角度考虑创新,体现"结构美"、"体系美",从而达到景观效果并实现技术经济价值。反之,作为重庆的桥梁设计团队,在参与平原城市的桥梁方案工作时,则应结合平原城市的特点,以灵活的方式去处理桥梁景观上的要求。

3)桥型方案创新应以桥梁结构体系的组合为关注点

创新是桥梁设计的灵魂,是桥梁发展的动力。尽管桥梁的基本形式只有几种,但桥梁结构体系的组合方式和造型设计却可以千变万化、推陈出新。

4)进一步关注桥梁的创意与创新思维

在桥梁设计美学的发展过程中,离不开创意与创新。创意是创造性活动的思想之源,创新是创造性活动的实现之路。随着科技进步和社会发展,人们对精神生活提出了更高要求,个性化和适宜性需求不断增长,也盼望攻克更大困难与障碍、实现更多自由;同时,现代学科间相互渗透和融合,社会科学已经融入自然科学、技术美学、桥梁美学……时代的这些特性,使桥梁的创意和创新越来越重要。我们还需要进一步培养创意思维,进一步提高创新能力,从人的社会和身心需求出发,用更加细腻的手笔,创造出以人为本的桥梁文化环境。

参 考 文 献

[1] 黄光宇. 山地城市学原理［M］. 北京:中国建筑工业出版社,2006.

[2] 中国科学技术协会,重庆市人民政府. 山地城镇可持续发展[M]. 北京:中国建筑工业出版社,2012.

[3] 孙家驷. 重庆桥梁志[M]. 重庆:重庆大学出版社,2011.

[4] 项海帆. 桥梁概念设计[M]. 北京:人民交通出版社,2011.

[5] 重庆市建设科技计划项目. 山地城市桥梁建设、管理研究与创新[R]. 城科字2011(2-95).

[6] 方可,Samuel Zimmerman,王伟,等. 城市交通一体化走廊管理的理念与实践[J]. 城市交通,2012(5):8-22.

[7] 王福敏,徐伟,李军,等. 特大跨径钢桁架拱桥设计技术[M]. 重庆:重庆大学出版社,2010. 10.

[8] 邵长宇. 上海长江大桥的技术探索与经验[C]. 第十八届全国桥梁学术会议论文集. 2008,58-65.

[9] 赖亚平,杨春,任国雷,等. 涪陵乌江二桥匝道设计[J]. 桥梁建设,2004(4):47-50.

[10] 胡学兵. 山地城市桥隧相连隧道洞口设计技术研究[J]. 公路交通技术,2013,12(6):70-75.

[11] 黄宏伟. 城市隧道与地下工程的发展与展望[J]. 地下空间,2001,21(4): 311-317.

[12] 招商局重庆交通科研设计院有限公司. 重庆东水门长江大桥初步设计[Z]. 重庆:招商局重庆交通科研设计有限公司,2009.

[13] 招商局重庆交通科研设计院有限公司. 重庆千厮门嘉陵江大桥初步设计[Z]. 重庆:招商局重庆交通科研设计有限公司,2009.

[14] 刘兴元. 浅谈景观桥梁的设计[J]. 北方交通,2011(3):70-71.

[15] 顾安邦. 重庆桥梁建设的现状和需要研究的问题[C]//桥梁与都市国

际论坛论文集.重庆:重庆大学出版社,2009.

[16] 周小溪.浅析桥梁景观线形设计中的美学[J].中国市政工程,2011(3):79-82.

[17] 谢科范.技术创新风险管理[M].河北:河北科学技术出版社,1999.

[18] 林长川.桥梁设计美学[M].北京:中国建筑工业出版社,2014.

[19] 刘亢,王福敏.重庆两江大桥桥型方案的美学创新与比选[J].公路交通技术,2014,12(6):1-4.

[20] 杜欣,刘亢.重庆两江大桥天梭桥塔设计方案研究[J].公路交通技术,2014,12(6):16-18.

[21] 莫亚南,彭成明.大跨独塔部分斜拉钢桁梁桥施工仿真分析[J].公路交通技术,2014,12(6):97-102.

[22] 陈骑彪.重庆两江大桥工程施工关键技术管理与控制[J].公路交通技术,2014,12(6):122-126.

[23] 阴磊,杨航卓,等.桥梁夜景照明控光技术表现[J].公路交通技术,2014,12(6):32-38.

[24] 袁佳,阴磊,等.城市桥梁色彩景观设计分析[J].公路交通技术,2014,12(6):39-43.

[25] 伍艺,卢以龙.曲面索塔结构线形控制施工技术[J].公路交通技术,2014,12(6):109-113.

[26] 邹云,李明,等.重庆两江大桥渝中连接隧道交通组织及设计难点探讨[J].公路交通技术,2014,12(6):44-47.

[27] 耿波,袁配,等.公轨两用部分斜拉桥耦合振动分析与行车舒适度评价[J].公路交通技术,2014,12(6):5-10.

[28] 王俊,向中富.特大跨钢桁拱桥建造技术[M].北京:人民交通出版社,2014.

[29] 高珍,王福敏.温度效应下的板桁结合钢桥局部分析[J].陕西理工学院学报(自然科学版),2014,2(1):22-26.